Os sete saberes necessários
à educação do futuro

Conselho Editorial de Educação da Cortez Editora

José Cerchi Fusari
Marcos Antonio Lorieri
Marli André
Pedro Goergen
Terezinha Azerêdo Rios
Valdemar Sguissardi
Vitor Henrique Paro

Dados Internacionais de Catalogação na Publicação (CIP)
(Câmara Brasileira do Livro, SP, Brasil)

Morin, Edgar, 1921-
   Os sete saberes necessários à educação do futuro / Edgar Morin ; tradução de Catarina Eleonora F. da Silva e Jeanne Sawaya ; revisão técnica de Edgard de Assis Carvalho. – 2. ed.rev. – São Paulo : Cortez ; Brasília, DF : UNESCO, 2011.

   Título original: Les sept savoirs nécessaires à l'éducation du futur.
   Bibliografia.
   ISBN: 978-85-249-1754-7 (Cortez).

1. Educação – Filosofia 2. Educação – Finalidades e objetivos 3. Interdisciplinaridade e conhecimento 4. Interdisciplinaridade na educação
I. Título.

00-1830   CDD-370.11

Índices para catálogo sistemático:

1. Educação: Finalidade e objetivos   370.11

Edgar Morin

Os sete saberes necessários à educação do futuro

Tradução de
Catarina Eleonora F. da Silva e Jeanne Sawaya

Revisão Técnica de
Edgard de Assis Carvalho

2ª edição revisada
11ª reimpressão

Organização
das Nações Unidas
para a Educação,
a Ciência e a Cultura

Título original: Les sept savoirs nécessaires à l'éducation du futur
Originalmente publicado pela United Nations Educational, Scientific and Cultural Organization (UNESCO) Paris, France.

Capa: Edson Fogaça
Revisão de originais e revisão da segunda edição: Denise de Aragão Costa Martins
Revisão da primeira edição: Maria de Lourdes de Almeida e Agnaldo Alves
Coordenação editorial: Danilo A. Q. Morales

Os autores são responsáveis pela escolha e pela apresentação dos fatos contidos neste livro, assim como pelas opiniões aqui expressas, as quais não são necessariamente compartilhadas pela UNESCO, nem são de sua responsabilidade.
As denominações empregadas e a apresentação do material no decorrer desta obra não implicam a expressão de qualquer opinião que seja da parte da UNESCO no que se refere à condição legal de qualquer país, território, cidade ou área, ou de suas autoridades, ou a delimitação de suas fronteiras ou divisas.

Nenhuma parte desta obra pode ser reproduzida ou duplicada sem autorização expressa da UNESCO e da Editora.

© UNESCO 1999
© UNESCO/Cortez Editora 2000, 2011

Direitos para esta edição

CORTEZ EDITORA
Rua Monte Alegre, 1074 — Perdizes
05014-001 — São Paulo-SP
Tel.: (11) 3864-0111 Fax: (11) 3864-4290
e-mail: cortez@cortezeditora.com.br
www.cortezeditora.com.br

UNESCO
SAUS — Quadra 5 Bloco H — Lote 6
Ed. CNPq/IBICT/UNESCO — 9º andar
70070-912 — Brasília-DF — Brasil
Tel.: (55 61) 2106-3500
Fax: (55 61) 2106-3697
e-mail: brasilia@unesco.org
www.unesco.org/brasilia

Impresso no Brasil – julho de 2024

SUMÁRIO

Agradecimentos..9
Apresentação 11
Conferência Internacional..13
Prólogo..15

Capítulo I — As cegueiras do conhecimento: o erro e a ilusão........19

1. O calcanhar de aquiles do conhecimento............................19
    1.1 Os erros mentais..21
    1.2 Os erros intelectuais 21
    1.3 Os erros da razão..22
    1.4 As cegueiras paradigmáticas...................................24

2. O *imprinting* e a normalização......................................26

3. A noologia: possessão..27

4. O inesperado 29

5. A incerteza do conhecimento...29

Capítulo II — Os princípios do conhecimento pertinente..............33

1. Da pertinência no conhecimento....................................33
    1.1 O contexto 34
    1.2 O global (as relações entre o todo e as partes)...........34
    1.3 O multidimensional 35
    1.4 O complexo 36

2. A inteligência geral 36
    2.1 A antinomia 37

3. Os problemas essenciais 38
    3.1 Disjunção e especialização fechada 38
    3.2 Redução e disjunção..39
    3.3 A falsa racionalidade 40

Capítulo III — Ensinar a condição humana 43

1. Enraizamento / desenraizamento do ser humano.................44
    1.1 A condição cósmica 44
    1.2 A condição física...45

  1.3 A condição terrestre 45
  1.4 A condição humana 46
 2. O humano do humano 47
  2.1 Unidualidade 47
  2.2 O circuito cérebro↔mente↔cultura 47
  2.3 O circuito razão↔afeto↔pulsão 48
  2.4 O circuito indivíduo↔sociedade↔espécie 49

 3. *Unitas multiplex*: unidade e diversidade humana 49
  3.1 A esfera individual 50
  3.2 A esfera social 50
  3.3 Diversidade cultural e pluralidade de indivíduos 50
  3.4 *Sapiens↔demens* 52
  3.5 *Homo complexus* 53

Capítulo IV — Ensinar a identidade terrena 55

1. A era planetária 56

2. O legado do século XX 61
 2.1 A herança de morte 61
  2.1.1 As armas nucleares 61
  2.1.2 Os novos perigos 61
 2.2 A morte da modernidade 62
 2.3 A esperança 63
  2.3.1 A contribuição das contracorrentes 63
  2.3.2 No jogo contraditório dos possíveis 64

3. A identidade e a consciência terrena 66

Capítulo V — Enfrentar as incertezas 69

1. A incerteza histórica 70

2. A história criadora e destruidora 71

3. Um mundo incerto 73

4. Enfrentar as incertezas 73
 4.1 A incerteza do real 74
 4.2 A incerteza do conhecimento 75
 4.3 As incertezas e a ecologia da ação 75
  4.3.1 O circuito risco↔precaução 76
  4.3.2 O circuito fins↔meios 77
  4.3.3 O circuito ação↔contexto 77

5. A imprevisibilidade em longo prazo 78
   5.1 O desafio e a estratégia 78

Capítulo VI — Ensinar a compreensão 81

1. As duas compreensões 82

2. Educação para os obstáculos à compreensão 83
   2.1 O egocentrismo 84
   2.2 Etnocentrismo e sociocentrismo 85
   2.3 O espírito redutor 85

3. A ética da compreensão 86
   3.1 O "bem pensar" 87
   3.2 A introspecção 87

4. A consciência da complexidade humana 88
   4.1 A abertura subjetiva (simpática) em relação ao outro 88
   4.2 A interiorização da tolerância 88

5. Compreensão, ética e cultura planetárias 89

Capítulo VII — A ética do gênero humano 93

1. O circuito indivíduo↔sociedade: ensinar a democracia 94
   1.1 Democracia e complexidade 95
   1.2 A dialógica democrática 96
   1.3 O futuro da democracia 98

2. O circuito indivíduo↔espécie: ensinar a cidadania terrestre 100

3. A humanidade como destino planetário 100

A propósito de uma bibliografia 102

AGRADECIMENTOS

Agradeço a compreensão e o apoio da UNESCO e, em particular, a Gustavo López Ospina, diretor do projeto transdisciplinar "Educar para um futuro viável", que me estimulou a expressar minhas proposições do modo mais completo possível.

Este texto foi submetido a personalidades universitárias, bem como a funcionários internacionais de países do Leste e do Oeste, do Norte e do Sul, entre os quais András Biró (Hungria, perito em desenvolvimento da ONU), Mauro Ceruti (Itália, Universidade de Milão), Emilio Roger Ciurana (Espanha, Universidade de Valladolid), Eduardo Dominguez (Colômbia, Universidade Pontifícia Bolivariana), Maria da Conceição de Almeida (Brasil, Universidade Federal do Rio Grande do Norte), Nadir Aziza (Marrocos, Cátedra de Estudos Euromediterrâneos), Edgard de A. Carvalho (Brasil, Pontifícia Universidade Católica de São Paulo), Carlos Garza Falla (México, UNAM), Rigoberto Lanz (Venezuela, Universidade Central), Carlos Mato Fernández (Uruguai, Universidade da República), Raúl Motta (Argentina, Instituto Internacional para o Pensamento Complexo, Universidade do Salvador), Darío Múnera Vélez (Colômbia, ex-Reitor da Universidade Pontifícia Bolivariana), Sean M. Kelly (Canadá, Universidade de Ottawa), Alfonso Montuori (Estados Unidos, Instituto Californiano de Estudos Integrais), Helena Knyazeva (Rússia, Instituto de Filosofia, Academia de Ciências), Chobei Nemoto (Japão, Fundação para o Apoio às Artes), Ionna Kuçuradi (Turquia, Universidade Beytepe Ancara), Shengli Ma (China, Instituto de Estudos da Europa Ocidental, Academia Chinesa das Ciências Sociais), Marius Mukungu-Kakangu (República Democrática do Congo, Universidade de Kinshasa) e Peter Westbroek (Países Baixos, Universidade de Leiden).

Nelson Vallejo-Gómez foi incumbido pela UNESCO de selecionar e integrar os comentários e as proposições fornecidas, e de formular as próprias contribuições. O texto assim remanejado foi aprovado por mim.

Dirijo a cada uma dessas pessoas meus mais sinceros agradecimentos.

APRESENTAÇÃO

A história da Cortez Editora está associada a um conjunto de expressivos compromissos com uma sociedade mais justa, fraterna e solidária.

Não é possível propugnar a edificação da nova sociedade sem assumir concomitantemente o compromisso com a educação de qualidade para todos, como direito humano inalienável.

O desafio que se apresenta a todos, nesse sentido, não se resume à consolidação de estruturas e à multiplicação de prédios escolares.

Sabemos da necessidade de acrescentar aos nossos esforços e compromissos um processo de renovação paradigmática capaz de incorporar os novos desafios que se apresentam não somente à escola, mas também à humanidade.

Torna-se necessário, portanto, promover a circulação de saberes que nos motivem a romper com a fragmentação do conhecimento que nosso modo de viver ocasiona.

Trata-se da oportunidade de conduzir o homem a encontro consigo mesmo e em todas as suas dimensões, ou seja, da oportunidade de celebrar o encontro entre pessoa e natureza como expressões de uma única manifestação da vida, sem dicotomias e sem espaço para um existir predatório e desagregador.

A "cultura da paz" subjacente à mensagem desta obra é um dos fundamentos que articulam o trabalho educativo de nossa editora.

Por isso, apresentamos esta nova edição, antes de tudo, porque compartilhamos todos os esforços pela disseminação de uma nova ética, impregnada de valores universais que sustentam o sonho de uma cidadania planetária, sem desigualdades sociais.

Cortez Editora

Conferência Internacional sobre os Sete Saberes Necessários à Educação do Presente
Fortaleza, 21 a 24 de setembro de 2010

No marco da celebração dos dez anos de lançamento da obra *Os Sete Saberes Necessários à Educação do Futuro*, de Edgar Morin, a UNESCO e a Universidade Estadual do Ceará, em colaboração com a Universidade Católica de Brasília e com outras universidades nacionais e internacionais, realizaram, de 21 a 24 de setembro de 2010, em Fortaleza, Ceará, a Conferência Internacional sobre os Sete Saberes Necessários à Educação do Presente.

Do debate de quatro dias no Brasil, surgiram alguns consensos e importantes recomendações inspiradas na obra de Edgar Morin, tais como:

• *Os Sete Saberes Necessários à Educação do Futuro*, de Edgar Morin, é um precioso legado para a formação das futuras gerações e deve ser promovido nas instituições educacionais dos países.

• Conforme defende Edgar Morin, é importante ter o pensamento complexo, ecologizado, capaz de relacionar, contextualizar e religar diferentes saberes ou dimensões da vida. A humanidade precisa de mentes mais abertas, escutas mais sensíveis, pessoas responsáveis e comprometidas com a transformação de si e do mundo.

• É fundamental criar espaços dialógicos, criativos, reflexivos e democráticos capazes de viabilizar práticas pedagógicas fundamentadas na solidariedade, na ética, na paz e na justiça social.

• Uma educação que privilegie os Sete Saberes e seja pautada no desenvolvimento da compreensão e da condição humana, na cidadania planetária e na ética do gênero humano poderá colaborar para que os indivíduos possam enfrentar as múltiplas crises sociais, econômicas, políticas e ambientais que colocam em risco a preservação da vida no planeta.

• São necessárias novas práticas pedagógicas para uma educação transformadora que esteja centrada na condição humana, no desenvolvimento da compreensão, da sensibilidade e da ética, na diversidade cultural, na pluralidade de indivíduos, e que privilegie a construção de um conhecimento de natureza transdisciplinar, envolvendo as relações *indivíduo↔sociedade↔natureza*. Esta é a condição fundamental para a construção de um futuro viável para as gerações presentes e futuras.

PRÓLOGO

Este texto antecede qualquer guia ou compêndio de ensino. Não é um tratado sobre o conjunto das disciplinas que são ou deveriam ser ensinadas: pretende, única e essencialmente, expor problemas centrais, ou fundamentais, que permanecem totalmente ignorados, ou esquecidos, e que são necessários para se ensinar no próximo século.

Há sete saberes "fundamentais" que a educação do futuro deveria tratar em toda sociedade e em toda cultura, sem exclusividade nem rejeição, segundo modelos e regras próprias a cada sociedade e a cada cultura.

Acrescentemos que o saber científico sobre o qual este texto se apoia para situar a condição humana não só é provisório, mas também desemboca em profundos mistérios referentes ao universo, à vida, ao nascimento do ser humano. Aqui se abre um *indecidível*, no qual intervêm opções filosóficas e crenças religiosas por meio de culturas e civilizações.

Os sete saberes necessários

Capítulo I: As cegueiras do conhecimento: o erro e a ilusão

→ É impressionante que a educação que visa a transmitir conhecimentos seja cega quanto ao que é o conhecimento humano, seus dispositivos, suas enfermidades, suas dificuldades, suas tendências ao erro e à ilusão, e não se preocupe em fazer conhecer o que é conhecer.

→ De fato, o conhecimento não pode ser considerado uma ferramenta *ready made*, que pode ser utilizada sem que sua natureza seja examinada. Da mesma forma, o conhecimento do conhecimento deve aparecer como necessidade primeira, que serviria de preparação para enfrentar os riscos permanentes de erro e ilusão, que não cessam de parasitar a mente humana. Trata-se de armar cada mente para o combate vital rumo à lucidez.

→ É necessário introduzir e desenvolver na educação o estudo das características cerebrais, mentais, culturais dos conhecimentos humanos, de seus processos e suas modalidades, das disposições tanto psíquicas quanto culturais que o conduzem ao erro ou à ilusão.

Capítulo II: Os princípios do conhecimento pertinente

→ Existe um problema capital, sempre ignorado, que é o da necessidade de promover o conhecimento capaz de apreender problemas globais e fundamentais para neles inserir os conhecimentos parciais e locais.

→ A supremacia do conhecimento fragmentado de acordo com as disciplinas impede frequentemente que se opere o vínculo entre as partes e a totalidade e deve ser substituída por um modo de conhecimento capaz de apreender os objetos em seu contexto, sua complexidade, seu conjunto.

→ É necessário desenvolver a aptidão natural do espírito humano, para situar todas essas informações em um contexto e em um conjunto. É preciso ensinar os métodos que permitam estabelecer as relações mútuas e as influências recíprocas entre as partes e o todo em um mundo complexo.

Capítulo III: Ensinar a condição humana

→ O ser humano é, a um só tempo, físico, biológico, psíquico, cultural, social e histórico. Esta unidade complexa da natureza humana é totalmente desintegrada na educação por meio das disciplinas, tendo-se tornado impossível aprender o que significa ser humano. É preciso restaurá-la, de modo que cada um, onde quer que se encontre, tome conhecimento e consciência, ao mesmo tempo, de sua identidade complexa e de sua identidade comum a todos os outros humanos.

→ Desse modo, a condição humana deveria ser o objeto essencial de todo o ensino.

→ Este capítulo mostra como é possível, com base nas disciplinas atuais, reconhecer a unidade e a complexidade humanas, reunindo e organizando conhecimentos dispersos nas ciências da natureza, nas ciências humanas, na literatura e na filosofia, e põe em evidência o elo indissolúvel entre a unidade e a diversidade de tudo que é humano.

Capítulo IV: Ensinar a identidade terrena

→ O destino planetário do gênero humano é outra realidade-chave até agora ignorada pela educação. O conhecimento dos desenvolvimentos da era planetária, que tendem a crescer no século XXI, e o reconhecimento da identidade terrena, que se tornará, cada vez mais, indispensável a cada um e a todos, devem converter-se em um dos principais objetos da educação.

→ Convém ensinar a história da era planetária, que se inicia com o estabelecimento da comunicação entre todos os continentes no século XVI, e mostrar como todas as partes do mundo se tornaram solidárias sem, contudo, ocultar as opressões e a dominação que devastaram a humanidade e que ainda não desapareceram.

→ Será preciso indicar o complexo de crise planetária que marca o século XX, mostrando que todos os seres humanos, confrontados, de agora em diante, com os mesmos problemas de vida e de morte, partilham um destino comum.

Capítulo V: Enfrentar as incertezas

→ As ciências permitiram que adquiríssemos muitas certezas, mas igualmente revelaram, ao longo do século XX, inúmeras zonas de incerteza. A educação deveria incluir o ensino das incertezas que surgiram nas ciências físicas (microfísicas, termodinâmica e cosmologia), nas ciências da evolução biológica e nas ciências históricas.

→ Seria preciso ensinar princípios de estratégia que permitissem enfrentar os imprevistos, o inesperado e a incerteza, e modificar seu desenvolvimento, em virtude das informações adquiridas ao longo do tempo. É preciso aprender a navegar em oceanos de incerteza em meio a arquipélagos de certeza.

→ A fórmula do poeta grego Eurípedes, que data de 25 séculos, nunca foi tão atual: "O esperado não se cumpre, e ao inesperado um deus abre o caminho". O abandono das concepções deterministas da história humana, que acreditavam poder predizer nosso futuro, o estudo de grandes acontecimentos e desastres de nosso século[1], todos inesperados, o caráter doravante desconhecido da aventura humana devem-nos incitar a preparar as mentes para esperar o inesperado, para enfrentá-lo. É necessário que todos aqueles que se ocupam da educação constituam a vanguarda ante a incerteza de nossos tempos.

Capítulo VI: Ensinar a compreensão

→ A compreensão é, a um só tempo, meio e fim da comunicação humana. Entretanto, a educação para a compreensão está ausente do ensino. O planeta necessita, em todos os sentidos, de compreensão mútua. Considerando a importância da educação para a compreensão, em todos os níveis educativos e em todas as idades, o desenvolvimento da compreensão pede a reforma das mentalidades. Esta deve ser a obra para a educação do futuro.

---

[1] N.T. O autor refere-se ao século XX.

→ A compreensão mútua entre os seres humanos, quer próximos, quer estranhos, é, daqui para frente, vital para que as relações humanas saiam de seu estado bárbaro de incompreensão.

→ Daí decorre a necessidade de estudar a incompreensão com base em suas raízes, suas modalidades e seus efeitos. Este estudo é tanto mais necessário, porque enfoca não os sintomas, mas as causas do racismo, da xenofobia e do desprezo. Constitui, ao mesmo tempo, uma das bases mais seguras da educação para a paz, à qual estamos ligados por essência e vocação.

Capítulo VII: A ética do gênero humano

→ A educação deve conduzir à "antropoética", levando em conta o caráter ternário da condição humana, que é ser, ao mesmo tempo, *indivíduo↔sociedade↔espécie*. Nesse sentido, a ética *indivíduo↔espécie* necessita do controle mútuo da sociedade pelo indivíduo e do indivíduo pela sociedade, ou seja, a democracia; a ética *indivíduo↔espécie* convoca, para o século XXI, a cidadania terrestre.

→ A ética não poderia ser ensinada por meio de lições de moral. Deve formar-se nas mentes, com base na consciência de que o humano é, ao mesmo tempo, indivíduo, parte da sociedade, parte da espécie. Carregamos em nós esta tripla realidade. Desse modo, todo desenvolvimento verdadeiramente humano deve compreender o desenvolvimento conjunto das autonomias individuais, das participações comunitárias e da consciência de pertencer à espécie humana.

→ Partindo disso, esboçam-se duas grandes finalidades ético-políticas do novo milênio: estabelecer uma relação de controle mútuo entre a sociedade e os indivíduos pela democracia e conceber a humanidade como comunidade planetária. A educação deve contribuir não somente para a tomada de consciência de nossa *Terra-pátria*, mas também permitir que esta consciência se traduza em vontade de realizar a cidadania terrena.

CAPÍTULO I

AS CEGUEIRAS DO CONHECIMENTO: O ERRO E A ILUSÃO

Todo conhecimento comporta o risco do erro e da ilusão. A educação do futuro deve enfrentar o problema de dupla face do erro e da ilusão. O maior erro seria subestimar o problema do erro; a maior ilusão seria subestimar o problema da ilusão. O reconhecimento do erro e da ilusão é ainda mais difícil, porque o erro e a ilusão não se reconhecem, em absoluto, como tais.

Erro e ilusão parasitam a mente humana desde o aparecimento do *Homo sapiens*. Quando consideramos o passado, inclusive o recente, sentimos que foi dominado por inúmeros erros e ilusões. Marx e Engels enunciaram justamente, em *A ideologia alemã*, que os homens sempre elaboraram falsas concepções de si próprios, do que fazem, do que devem fazer, do mundo onde vivem. Mas nem Marx nem Engels escaparam destes erros.

1. O CALCANHAR DE AQUILES DO CONHECIMENTO

A educação deve mostrar que não há conhecimento que não esteja, em algum grau, ameaçado pelo erro e pela ilusão. A teoria da informação mostra que existe o risco do erro sob o efeito de perturbações aleatórias ou de ruídos (*noise*) em qualquer transmissão de informação, ou em qualquer comunicação de mensagem.

O conhecimento não é um espelho das coisas ou do mundo externo. Todas as percepções são, ao mesmo tempo, traduções e reconstruções cerebrais com base em estímulos ou sinais captados e codificados pelos sentidos. Daí resultam, sabemos bem, os inúmeros erros de percepção, que nos vêm de nosso sentido mais confiável, o da visão. Ao erro de percepção acrescenta-se o erro intelectual. O conhecimento, sob forma de palavra, de ideia, de teoria, é o fruto de uma tradução/reconstrução por meio da linguagem e do pensamento e, por conseguinte, está sujeito ao erro. Este conhecimento, ao mesmo tempo tradução e reconstrução, comporta a interpretação, o que introduz o risco do erro na subjetividade do conhecedor, de sua visão do mundo e de seus princípios de conhecimento. Disso decorrem os numerosos erros de concepção e de ideias que sobrevêm, a despeito de nossos controles racionais. A projeção de nossos desejos ou de nossos medos e as perturbações mentais trazidas por nossas emoções multiplicam os riscos de erro.

Poder-se-ia crer na possibilidade de eliminar o risco de erro, recalcando toda afetividade. De fato, o sentimento, a raiva, o amor e a amizade podem cegar-nos. Mas é preciso dizer que, já no mundo mamífero e, sobretudo, no mundo humano, o desenvolvimento da inteligência é inseparável do mundo da afetividade, isto é, da curiosidade, da paixão, que, por sua vez, são a mola da pesquisa filosófica ou científica. A afetividade pode asfixiar o conhecimento, mas pode também fortalecê-lo. Há estreita relação entre inteligência e afetividade: a faculdade de raciocinar pode ser diminuída, ou mesmo destruída, pelo *deficit* de emoção; o enfraquecimento da capacidade de reagir emocionalmente pode mesmo estar na raiz de comportamentos irracionais.

Portanto, não há um estágio superior da razão dominante da emoção, mas um eixo *intelecto↔afeto,* e, de certa maneira, a capacidade de emoções é indispensável ao estabelecimento de comportamentos racionais.

O desenvolvimento do conhecimento científico é poderoso meio de detecção dos erros e de luta contra as ilusões. Mesmo assim, os paradigmas que controlam a ciência podem desenvolver ilusões, e nenhuma teoria científica está imune ao erro para sempre. Além disso, o conhecimento científico não pode tratar sozinho dos problemas epistemológicos, filosóficos e éticos.

A educação deve dedicar-se, por conseguinte, à identificação da origem de erros, ilusões e cegueiras.

1.1 Os erros mentais

Nenhum dispositivo cerebral permite distinguir a alucinação da percepção, o sonho da vigília, o imaginário do real, o subjetivo do objetivo.

A importância da fantasia e do imaginário no ser humano é inimaginável; dado que as vias de entrada e de saída do sistema neurocerebral, que colocam o organismo em conexão com o mundo exterior, representam apenas 2% do conjunto, enquanto 98% se referem ao funcionamento interno, constituiu-se um mundo psíquico relativamente independente, em que fermentam necessidades, sonhos, desejos, ideias, imagens, fantasias, e este mundo infiltra-se em nossa visão, ou concepção, do mundo exterior.

Cada mente é dotada também de potencial de mentira para si próprio (*self-deception*), que é fonte permanente de erros e ilusões. O egocentrismo, a necessidade de autojustificativa e a tendência a projetar sobre o outro a causa do mal fazem que cada um minta para si próprio, sem detectar esta mentira, da qual, contudo, é o autor.

A própria memória é também fonte de erros inúmeros. A memória, não regenerada pela rememoração, tende a degradar-se, mas cada rememoração pode embelezá-la ou desfigurá-la. Nossa mente, inconscientemente, tende a selecionar as lembranças que nos convêm e a recalcar, ou mesmo apagar, aquelas desfavoráveis, e cada qual pode atribuir-se um papel vantajoso. Ela tende a deformar as recordações por projeções ou confusões inconscientes. Existem, às vezes, falsas lembranças, que julgamos ter vivido, assim como recordações recalcadas a tal ponto que acreditamos jamais tê-las vivido. Assim, a memória, fonte insubstituível de verdade, pode, ela própria, estar sujeita aos erros e às ilusões.

1.2 Os erros intelectuais

Nossos sistemas de ideias (teorias, doutrinas, ideologias) estão não apenas sujeitos ao erro, mas também protegem os erros e as ilusões neles inscritos. Está na lógica organizadora de qualquer sistema de ideias resistir à informação que não lhe convém ou que não pode assimilar. As teorias resistem à agressão das teorias inimigas ou dos argumentos contrários. Ainda que as teorias científicas sejam as únicas a aceitar a possibilidade de serem refutadas, tendem a manifestar esta resistência. Quanto às doutrinas, que são teorias fechadas sobre elas mesmas e absolutamente convencidas de sua verdade, elas são invulneráveis a qualquer crítica que denuncie seus erros.

1.3 Os erros da razão

O que permite a distinção entre vigília e sonho, imaginário e real, subjetivo e objetivo é a atividade racional da mente, que apela para o controle do ambiente (resistência física do meio ao desejo e ao imaginário), para o controle da prática (atividade verificadora), para o controle da cultura (referência ao saber comum), para o controle do próximo (será que você vê o eu vejo?), para o controle cortical (memória, operações lógicas). Dito de outra maneira, é a racionalidade que é corretiva.

A racionalidade é a melhor proteção contra o erro e a ilusão. Por um lado, existe a racionalidade construtiva, que elabora teorias coerentes, verificando o caráter lógico da organização teórica, a compatibilidade entre as ideias que compõem a teoria, a concordância entre suas asserções e os dados empíricos aos quais se aplica: tal racionalidade deve permanecer aberta ao que a contesta, para evitar que se feche em doutrina e se converta em racionalização; por outro lado, há a racionalidade crítica exercida particularmente sobre os erros e as ilusões das crenças, das doutrinas e das teorias. Mas a racionalidade traz também em seu seio uma possibilidade de erro e de ilusão, quando se perverte, como acabamos de indicar, em racionalização. A racionalização crê-se racional, porque constitui um sistema lógico perfeito, fundamentado na dedução ou na indução, mas fundamenta-se em bases mutiladas ou falsas e nega-se à contestação de argumentos e à verificação empírica. A racionalização é fechada, a racionalidade é aberta. A racionalização nutre-se das mesmas fontes que a racionalidade, mas constitui uma das fontes mais poderosas de erros e ilusões. Dessa maneira, uma doutrina que obedece a um modelo mecanicista e determinista para considerar o mundo não é racional, mas racionalizadora.

A verdadeira racionalidade, aberta por natureza, dialoga com o real que lhe resiste. Opera o ir e vir incessante entre a instância lógica e a instância empírica; é o fruto do debate argumentado das ideias, e não a propriedade de um sistema de ideias. O racionalismo que ignora os seres, a subjetividade, a afetividade e a vida é irracional. A racionalidade deve reconhecer a parte de afeto, de amor e de arrependimento. A verdadeira racionalidade conhece os limites da lógica, do determinismo e do mecanicismo; sabe que a mente humana não poderia ser onisciente, que a realidade comporta mistério. Negocia com a irracionalidade, o obscuro, o irracionalizável. É não só crítica, mas autocrítica. Reconhece-se a verdadeira racionalidade pela capacidade de identificar suas insuficiências.

A racionalidade não é uma qualidade da qual são dotadas as mentes dos cientistas e dos técnicos e de que são desprovidos os demais. Os sábios atomistas, racionais em sua área de competência e sob a coação do laboratório, podem ser completamente irracionais na política ou na vida privada.

Da mesma forma, a racionalidade não é uma qualidade da qual a civilização ocidental teria o monopólio. O ocidente europeu acreditou, durante muito tempo, ser proprietário da racionalidade, vendo apenas erros, ilusões e atrasos nas outras culturas, e julgava qualquer cultura sob a medida do seu desempenho tecnológico. Entretanto, devemos saber que, em qualquer sociedade, mesmo arcaica, há racionalidade na elaboração das ferramentas, na estratégia da caça, no conhecimento das plantas, dos animais, do solo, ao mesmo tempo em que há mitos, magia e religião. Em nossas sociedades ocidentais, estão também presentes mitos, magia, religião, inclusive o mito da razão providencial e uma religião do progresso. Começamos a tornar-nos verdadeiramente racionais quando reconhecemos a racionalização até em nossa racionalidade e reconhecemos os próprios mitos, entre os quais o mito de nossa razão todo-poderosa e do progresso garantido.

Daí decorre a necessidade de reconhecer, na educação do futuro, um *princípio de incerteza racional*: a racionalidade corre risco constante, caso não mantenha vigilante autocrítica quanto a cair na ilusão racionalizadora. Isso significa que a verdadeira racionalidade não é apenas teórica, apenas crítica, mas também autocrítica.

1.4 As cegueiras paradigmáticas

Não se joga o jogo da verdade e do erro somente na verificação empírica e na coerência lógica das teorias. Joga-se também, profundamente, na zona invisível dos paradigmas. A educação deve levar isso em consideração.

Um paradigma pode ser definido por:

• *Promoção/seleção dos conceitos-mestres da inteligibilidade.* Assim, a *Ordem*, nas concepções deterministas, a *Matéria*, nas concepções materialistas, o *Espírito*, nas concepções espiritualistas, a *Estrutura*, nas concepções estruturalistas, são os conceitos-mestres selecionados/selecionadores, que excluem ou subordinam os conceitos que lhes são antinômicos (a desordem, o espírito, a matéria, o acontecimento). Desse modo, o nível paradigmático é o do princípio de seleção das ideias que estão integradas no discurso ou na teoria, ou postas de lado e rejeitadas.

• *Determinação das operações lógicas-mestras.* O paradigma está oculto sob a lógica e seleciona as operações lógicas que se tornam, ao mesmo tempo, preponderantes, pertinentes e evidentes sob seu domínio (exclusão-inclusão, disjunção-conjunção, implicação-negação). É ele que privilegia determinadas operações lógicas em detrimento de outras, como a disjunção em detrimento da conjunção; é o que atribui validade e universalidade à lógica que elegeu. Por isso mesmo, dá aos discursos e às teorias que controla as características da necessidade e da verdade. Por sua prescrição e proscrição, o paradigma funda o axioma e expressa-se em axioma ("Todo fenômeno natural obedece ao determinismo.", "Todo fenômeno propriamente humano se define por oposição à natureza...").

Portanto, o paradigma efetua a seleção e a determinação da conceptualização e das operações lógicas. Designa as categorias fundamentais da inteligibilidade e opera o controle de seu emprego. Assim, os indivíduos conhecem, pensam e agem segundo paradigmas inscritos culturalmente neles.

Tomemos um exemplo: há dois paradigmas opostos acerca da relação homem/natureza. O primeiro inclui o humano na natureza, e qualquer discurso que obedeça a este paradigma faz do homem um ser natural e reconhece a *natureza humana*. O segundo paradigma prescreve a disjunção entre estes dois termos e determina o que há de específico no homem por exclusão da ideia de natureza. Os dois paradigmas, opostos, têm em comum a obediência de ambos a um paradigma mais profundo ainda, que é o paradigma de simplificação, o qual, diante de qualquer complexidade conceptual, prescreve seja a redução (neste caso, do humano ao natural), seja a disjunção (neste caso, entre o humano e o natural). Um e outro paradigmas impedem que se conceba a *unidualidade* (natural↔cultural, cerebral↔ psíquica) da realidade humana e impedem, igualmente, que se conceba a relação simultânea de implicação e de separação entre o homem e a natureza. Somente o paradigma complexo de implicação/distinção/conjunção permitirá tal concepção, mas este ainda não está inscrito na cultura científica.

O paradigma desempenha um papel, ao mesmo tempo, subterrâneo e soberano em qualquer teoria, doutrina ou ideologia. O paradigma é inconsciente, mas irriga o pensamento consciente, controla-o e, neste sentido, é também supraconsciente.

Em resumo, o paradigma instaura relações primordiais, que constituem axiomas, determina conceitos, comanda discursos e/ou teorias. Organiza a organização deles e gera a geração ou a regeneração.

Deve-se evocar aqui o "grande paradigma do Ocidente", formulado por Descartes e imposto pelo desdobramento da história europeia a partir do século XVII. O paradigma cartesiano separa o sujeito e o objeto, cada qual na esfera própria: a filosofia e a pesquisa reflexiva, de um lado; a ciência e a pesquisa objetiva, de outro. Esta dissociação atravessa o universo de um extremo ao outro:

Sujeito/Objeto
Alma/Corpo
Espírito/Matéria
Qualidade/Quantidade
Finalidade/Causalidade
Sentimento/Razão
Liberdade/Determinismo
Existência/Essência

Trata-se certamente de um paradigma — determina os conceitos soberanos e prescreve a relação lógica: a disjunção. A não obediência a esta disjunção só pode ser clandestina, marginal e desviante. Este paradigma determina dupla visão do mundo — de fato, o desdobramento do mesmo mundo: de um lado, o mundo de objetos submetidos a observações, experimentações, manipulações; de outro lado, o mundo de sujeitos que se questionam sobre problemas de existência, de comunicação, de consciência e de destino. Assim, um paradigma pode, ao mesmo tempo, elucidar e cegar, revelar e ocultar. É no seu seio que se esconde o problema-chave do jogo da verdade e do erro.

2. O *IMPRINTING* E A NORMALIZAÇÃO

Ao determinismo de paradigmas e modelos explicativos associa-se o determinismo de convicções e crenças que, quando reinam em uma sociedade, impõem a todos e a cada um a força imperativa do sagrado, a força normalizadora do dogma e a força proibitiva do tabu. As doutrinas e as ideologias dominantes dispõem, igualmente, da força imperativa que traz a evidência aos convencidos e da força coercitiva que suscita o medo inibidor nos outros.

O poder imperativo e proibitivo conjunto dos paradigmas, das crenças oficiais, das doutrinas reinantes e das verdades estabelecidas determina os estereótipos cognitivos, as ideias recebidas sem exame, as crenças estúpidas não contestadas, os absurdos triunfantes, a rejeição de evidências em nome da evidência, e faz reinar, em toda parte, os conformismos cognitivos e intelectuais.

Todas as determinações propriamente sociais, econômicas e políticas (poder, hierarquia, divisão de classes, especialização e, em nossos tempos modernos, tecnoburocratização do trabalho), e todas as determinações propriamente culturais convergem e sinergizam para encarcerar o conhecimento no multideterminismo de imperativos, normas, proibições, rigidez e bloqueios.

Há assim, sob o conformismo cognitivo, muito mais que conformismo. Há o *imprinting* cultural, marca matricial que inscreve o conformismo a fundo, e a normalização que elimina o que poderia contestá-lo. O *imprinting* é um termo proposto por Konrad Lorenz, para dar conta da marca indelével imposta pelas primeiras experiências do animal recém-nascido (como ocorre com o filhote de passarinho que, ao sair do ovo, segue o primeiro ser vivo que passe por ele, como se fosse sua mãe), o que Andersen já nos havia contado à sua maneira na fábula d'*O patinho feio*. O *imprinting* cultural marca os humanos desde o nascimento, primeiro com o selo da cultura familiar, da escolar em seguida, depois prossegue na universidade ou na vida profissional.

Assim, a seleção sociológica e cultural das ideias raramente obedece à sua verdade; pode, ao contrário, ser implacável na busca da verdade.

3. A NOOLOGIA: POSSESSÃO

Marx dizia justamente: "Os produtos do cérebro humano têm o aspecto de seres independentes, dotados de corpos particulares em comunicação com os humanos e entre si."

Acrescentemos: as crenças e as ideias não são somente produtos da mente; são também seres mentais que têm vida e poder. Dessa maneira, podem possuir-nos.

Devemos estar bem conscientes de que, desde o alvorecer da humanidade, se encontra a noção de noosfera — a esfera das coisas do espírito —, com o surgimento dos mitos, dos deuses; e o extraordinário levante dos seres espirituais impulsionou e arrastou o *Homo sapiens* a delírios, massacres, crueldades, adorações, êxtases e sublimidades desconhecidas no mundo animal. Desde então, vivemos em uma selva de mitos que enriquecem as culturas.

Produto de nossa alma e nossa mente, a noosfera está em nós, e nós estamos na noosfera. Os mitos tomaram forma, consistência e realidade, com base nas fantasias formadas por nossos sonhos e nossa imaginação. As ideias tomaram forma, consistência e realidade, com base nos símbolos e nos pensamentos de nossa inteligência. Mitos e Ideias voltaram-se sobre nós, invadiram-nos, deram-nos emoção, amor, raiva, êxtase e fúria. Os humanos possuídos são capazes de morrer ou de matar por um deus, por uma ideia. No alvorecer do terceiro milênio, como os *daimons* dos gregos e, por vezes, como os demônios do Evangelho, nossos demônios "idealizados" arrastam-nos, submergem nossa consciência, tornam-nos inconscientes, ao mesmo tempo em que nos dão a ilusão de ser hiperconscientes.

As sociedades domesticam os indivíduos, por meio de mitos e ideias que, por sua vez, domesticam as sociedades e os indivíduos, mas os indivíduos poderiam, reciprocamente, domesticar as ideias, ao mesmo tempo em que poderiam controlar a sociedade que os controla. No jogo tão complexo (complementar-antagônico-incerto) de escravidão-exploração-parasitismos mútuos entre as três instâncias (indivíduo/sociedade/noosfera), talvez possa haver lugar para uma pesquisa simbiótica. Não se trata, de forma alguma, de ter como ideal a redução das ideias a meros instrumentos e torná-las coisas. As ideias existem pelo homem e para ele, mas o homem existe também pelas ideias e para elas. Somente podemos utilizá-las apropriadamente se soubermos também servi-las. Não seria necessário tomar consciência de nossas possessões para poder dialogar com nossas ideias, controlá-las tanto quanto nos controlam e aplicar-lhes testes de verdade e de erro?

Uma ideia ou teoria não deveria ser simplesmente instrumentalizada, nem impor seu veredicto de modo autoritário; deveria ser relativizada e *domesticada*. Uma teoria deve ajudar e orientar estratégias cognitivas que são dirigidas por sujeitos humanos.

É muito difícil, para nós, distinguir o momento de separação e de oposição entre o que é oriundo da mesma fonte: a *Idealidade*, modo de existência necessário à Ideia para traduzir o real, e o *Idealismo*, possessão do real pela ideia; a racionalidade, dispositivo de diálogo entre a ideia e o real, e a racionalização, que impede este mesmo diálogo. Da mesma forma, existe grande dificuldade em reconhecer o mito oculto sob a etiqueta da ciência ou da razão.

Uma vez mais, vemos que o principal obstáculo intelectual para o conhecimento se encontra em nosso meio intelectual de conhecimento. Lênin disse que os fatos eram inflexíveis. Não havia percebido que a ideia-fixa e a ideia-força, ou seja, as suas, eram ainda mais inflexíveis. O mito e a ideologia destroem e devoram os fatos.

Entretanto, são as ideias que nos permitem conceber as carências e os perigos da ideia. Daí resulta este paradoxo incontornável: **devemos manter uma luta crucial contra as ideias**, **mas somente podemos fazê-lo com a ajuda de ideias**. Não nos devemos esquecer jamais de manter nossas ideias em seu papel mediador e impedir que se identifiquem com o real. Devemos reconhecer como dignas de fé apenas as ideias que comportem a ideia de que o real resiste à ideia. Esta é uma tarefa indispensável na luta contra a ilusão.

4. O INESPERADO...

O inesperado surpreende-nos. É que nos instalamos de maneira segura em nossas teorias e ideias, e estas não têm estrutura para acolher o novo. Entretanto, o novo brota sem parar. Não podemos jamais prever como se apresentará, mas deve-se esperar sua chegada, ou seja, esperar o inesperado (ver Capítulo V — *Enfrentar as incertezas*). E quando o inesperado se manifesta, é preciso ser capaz de rever nossas teorias e ideias, em vez de deixar o fato novo entrar à força na teoria incapaz de recebê-lo.

5. A INCERTEZA DO CONHECIMENTO

Quantas fontes, quantas causas de erros e de ilusão múltiplas e renovadas constantemente em todos os conhecimentos!

Daí decorre a necessidade de destacar, em qualquer educação, as grandes interrogações sobre nossas possibilidades de conhecer. Pôr em prática estas interrogações constitui o oxigênio de qualquer proposta de conhecimento. Assim como o oxigênio matava os seres vivos primitivos até que a vida utilizasse esse corruptor como desintoxicante, da mesma forma a incerteza, que mata o conhecimento simplista, é o desintoxicante do conhecimento complexo. De toda forma, o conhecimento permanece como uma aventura para a qual a educação deve fornecer o apoio indispensável.

O conhecimento do conhecimento, que comporta a integração do conhecedor em seu conhecimento, deve ser, para a educação, um princípio e uma necessidade permanentes.

Devemos compreender que existem condições bioantropológicas (as aptidões do cérebro/mente humana), condições socioculturais (a cultura aberta, que permite diálogos e troca de ideias) e condições noológicas (as teorias abertas), que permitem "verdadeiras" interrogações, isto é, interrogações fundamentais sobre o mundo, sobre o homem e sobre o próprio conhecimento.

Devemos compreender que, na busca da verdade, as atividades auto-observadoras devem ser inseparáveis das atividades observadoras; as autocríticas, inseparáveis das críticas; os processos reflexivos, inseparáveis dos processos de objetivação.

Portanto, devemos aprender que a procura da verdade pede a busca e a elaboração de metapontos de vista, que permitem a reflexividade e comportam especialmente a integração observador-conceptualizador na observação-concepção e a *ecologização* da observação-concepção no contexto mental e cultural que é o seu.

Podemos também utilizar a possessão a que as ideias nos submetem para nos deixar possuir justamente pelas ideias de crítica, de autocrítica, de abertura, de complexidade. As ideias que defendo aqui não são tanto ideias que possuo, mas, sobretudo, ideias que me possuem.

De forma mais ampla, devemos tentar jogar com as duplas possessões, a das ideias por nossa mente, a de nossa mente pelas ideias, para alcançar formas em que a escravidão mútua se transformaria em convívio.

Pois este é um problema-chave: instaurar o convívio tanto com nossas ideias quanto com nossos mitos.

A mente humana deve desconfiar de seus produtos "ideais", que lhe são, ao mesmo tempo, vitalmente necessários. Necessitamos estar permanentemente atentos para evitar idealismo e racionalização. Necessitamos de negociação e controle mútuos entre nossa mente e nossas ideias. Necessitamos de intercâmbio e de comunicação entre as diferentes zonas de nossa mente. É preciso tomar consciência do *id* e do *alguém* que falam por meio do *ego*, e é preciso estar sempre alerta para tentar detectar a mentira em si mesmo.

Necessitamos civilizar nossas teorias, ou seja, desenvolver nova geração de teorias abertas, racionais, críticas, reflexivas, autocríticas, aptas a autorreformar-se.

Necessitamos encontrar os metapontos de vista sobre a noosfera, que só podem ocorrer com a ajuda de ideias complexas, em cooperação com as próprias mentes, em busca dos metapontos de vista para auto-observar-se e conceber-se.

Necessitamos de que se cristalize e se enraíze um paradigma que permita o conhecimento complexo.

As possibilidades de erro e de ilusão são múltiplas e permanentes: aquelas oriundas do exterior cultural e social inibem a autonomia da mente e impedem a busca da verdade; aquelas vindas do interior, encerradas, às vezes, no seio de nossos melhores meios de conhecimento, fazem que as mentes se equivoquem consigo mesmas e sobre si mesmas.

Quantos sofrimentos e desorientações foram causados por erros e ilusões ao longo da história humana, e de maneira aterradora, no século XX! Por isso, o problema cognitivo é de importância antropológica, política, social e histórica. Para que haja um progresso de base no século XXI, os homens e as mulheres não podem mais ser brinquedos inconscientes não só de suas ideias, mas das próprias mentiras. O dever principal da educação é de armar cada um para o combate vital para a lucidez.

CAPÍTULO II

OS PRINCÍPIOS DO CONHECIMENTO PERTINENTE

1. DA PERTINÊNCIA NO CONHECIMENTO

O conhecimento dos problemas-chave, das informações-chave relativas ao mundo, por mais aleatório e difícil que seja, deve ser tentado, sob pena de imperfeição cognitiva, mais ainda quando o contexto atual de qualquer conhecimento político, econômico, antropológico, ecológico... é o próprio mundo. A era planetária necessita situar tudo no contexto e no complexo planetário. O conhecimento do mundo como mundo é necessidade ao mesmo tempo intelectual e vital. É o problema universal de todo cidadão do novo milênio: como ter acesso às informações sobre o mundo e como ter a possibilidade de articulá-las e organizá-las? Como perceber e conceber o contexto, o global (a relação todo/partes), o multidimensional, o complexo? Para articular e organizar os conhecimentos e assim reconhecer e conhecer os problemas do mundo, é necessária a reforma do pensamento. Entretanto, esta reforma é paradigmática, e não programática: é a questão fundamental da educação, já que se refere à nossa aptidão para organizar o conhecimento.

A esse problema universal confronta-se a *educação do futuro*, pois existe inadequação cada vez mais ampla, profunda e grave entre, de um lado, os saberes desunidos, divididos, compartimentados e, de outro lado, as realidades ou os problemas cada vez mais multidisciplinares, transversais, multidimensionais, transnacionais, globais e planetários.

Nessa inadequação, tornam-se invisíveis:

- **o contexto;**
- **o global;**
- **o multidimensional;**
- **o complexo.**

Para que o conhecimento seja pertinente, a educação deverá torná-los evidentes.

1.1 O contexto

O conhecimento das informações ou dos dados isolados é insuficiente. É preciso situar as informações e os dados em seu contexto para que adquiram sentido. Para ter sentido, a palavra necessita do texto, que é o próprio contexto, e o texto necessita do contexto no qual se enuncia. Desse modo, a palavra "amor" muda de sentido no contexto religioso e no contexto profano, e uma declaração de amor não tem o mesmo sentido de verdade se é enunciada por um sedutor ou por um seduzido.

Claude Bastien nota que "a evolução cognitiva não caminha para o estabelecimento de conhecimentos cada vez mais abstratos, mas, ao contrário, para sua contextualização"[2] — a qual determina as condições de sua inserção e os limites de sua validade. Bastien acrescenta que "a contextualização é condição essencial da eficácia [do funcionamento cognitivo]".

1.2 O global (as relações entre o todo e as partes)

O global é mais que o contexto, é o conjunto das diversas partes ligadas a ele de modo inter-retroativo ou organizacional. Dessa maneira, uma sociedade é mais que um contexto: é o todo organizador de que fazemos parte. O planeta Terra é mais do que um contexto: é o todo ao mesmo tempo organizador e desorganizador

---

[2] BASTIEN, C. Le décalage entre logique et connaissance. *Courrier du CNRS: Sciences Cognitives*, n. 79, out. 1992.

de que fazemos parte. O todo tem qualidades ou propriedades que não são encontradas nas partes, se estas estiverem isoladas umas das outras, e certas qualidades ou propriedades das partes podem ser inibidas pelas restrições provenientes do todo. Marcel Mauss dizia: "É preciso recompor o todo". É preciso efetivamente recompor o todo para conhecer as partes.

Daí se tem a virtude cognitiva do princípio de Pascal, no qual a educação do futuro deverá se inspirar:

> Sendo todas as coisas causadas e causadoras, ajudadas ou ajudantes, mediatas e imediatas, e sustentando-se todas por um elo natural e insensível que une as mais distantes e as mais diferentes, considero ser impossível conhecer as partes sem conhecer o todo, tampouco conhecer o todo sem conhecer particularmente as partes.[3]

Além disso, tanto no ser humano, quanto nos outros seres vivos, existe a presença do todo no interior das partes: cada célula contém a totalidade do patrimônio genético de um organismo policelular; a sociedade, como um todo, está presente em cada indivíduo, na sua linguagem, em seu saber, em suas obrigações e em suas normas. Dessa forma, assim como cada ponto singular de um holograma contém a totalidade da informação do que representa, cada célula singular, cada indivíduo singular contém de maneira "hologrâmica" o todo do qual faz parte e que, ao mesmo tempo, faz parte dele.

1.3 O multidimensional

Unidades complexas, como o ser humano ou a sociedade, são multidimensionais: assim, o ser humano é, ao mesmo tempo, biológico, psíquico, social, afetivo e racional. A sociedade comporta as dimensões histórica, econômica, sociológica, religiosa... O conhecimento pertinente deve reconhecer o caráter multidimensional e nele inserir estes dados: não apenas não se poderia isolar uma parte do todo, mas as partes umas das outras; a dimensão econômica, por exemplo, está em inter-retroação permanente com todas as outras dimensões humanas; além disso, a economia carrega em si, de modo

[3] PASCAL, *Pensées*, texte établi par Léon Brunschwicg. Paris: Garnier-Flammarion, 1976.

"holográmico", necessidades, desejos e paixões humanas que ultrapassam os meros interesses econômicos.

1.4 O complexo

O conhecimento pertinente deve enfrentar a complexidade. *Complexus* significa o que foi tecido junto; de fato, há complexidade quando elementos diferentes são inseparáveis constitutivos do todo (como o econômico, o político, o sociológico, o psicológico, o afetivo, o mitológico), e há um tecido interdependente, interativo e inter-retroativo entre o objeto de conhecimento e seu contexto, as partes e o todo, o todo e as partes, as partes entre si. Por isso, a complexidade é a união entre a unidade e a multiplicidade. Os desenvolvimentos próprios à nossa era planetária confrontam-nos cada vez mais e de maneira cada vez mais inelutável com os desafios da complexidade.

Em consequência, a educação deve promover a "inteligência geral" apta a referir-se ao complexo, ao contexto, de modo multidimensional e dentro da concepção global.

2. A INTELIGÊNCIA GERAL

A mente humana é, como dizia H. Simon, um *G.P.S., General Problems Setting and Solving*. Contrariamente à opinião difundida, o desenvolvimento de aptidões gerais da mente permite melhor desenvolvimento das competências particulares ou especializadas. Quanto mais poderosa é a inteligência geral, maior é sua faculdade de tratar de problemas especiais. A compreensão dos dados particulares também necessita da ativação da inteligência geral, que opera e organiza a mobilização dos conhecimentos de conjunto em cada caso particular.

O conhecimento, ao buscar construir-se com referência ao contexto, ao global e ao complexo, deve mobilizar o que o conhecedor sabe do mundo. Como François Recanati dizia, "a compreensão dos enunciados, longe de reduzir-se a mera decodificação, é um processo não modular de interpretação que mobiliza a inteligência geral e faz amplo apelo ao conhecimento do mundo". Dessa maneira, há correlação entre a mobilização dos conhecimentos de conjunto e a ativação da inteligência geral.

A educação deve favorecer a aptidão natural da mente em formular e resolver problemas essenciais e, de forma correlata, estimular o uso total da inteligência geral. Este uso total pede o livre exercício da curiosidade, a faculdade mais expandida e a mais viva durante a infância e a adolescência, que, com frequência, a instrução extingue e que, ao contrário, se trata de estimular ou, caso esteja adormecida, de despertar.

Na missão de promover a inteligência geral dos indivíduos, a educação do futuro deve, ao mesmo tempo, utilizar os conhecimentos existentes, superar as antinomias decorrentes do progresso nos conhecimentos especializados (ver 2.1) e identificar a falsa racionalidade (ver 3.3).

2.1 A antinomia

Efetuaram-se progressos gigantescos nos conhecimentos no âmbito das especializações disciplinares, durante o século XX, porém estes progressos estão dispersos, desunidos, devido justamente à especialização, que, muitas vezes, fragmenta os contextos, a globalidade e as complexidades. Por isso, enormes obstáculos somam-se para impedir o exercício do conhecimento pertinente no próprio seio de nossos sistemas de ensino.

Esses sistemas provocam a disjunção entre a humanidade e as ciências, assim como a separação das ciências em disciplinas hiperespecializadas, fechadas em si mesmas.

Desse modo, as realidades globais e complexas fragmentam-se; o humano desloca-se; sua dimensão biológica, inclusive o cérebro, é encerrada nos departamentos de biologia; suas dimensões psíquica, social, religiosa e econômica são, ao mesmo tempo, relegadas e separadas umas das outras nos departamentos de ciências humanas; seus caracteres subjetivos, existenciais, poéticos encontram-se confinados nos departamentos de literatura e poesia. A filosofia, que é por natureza a reflexão sobre qualquer problema humano, torna-se, por sua vez, um campo fechado sobre si mesmo.

Os problemas fundamentais e os problemas globais estão ausentes das ciências disciplinares. São salvaguardados apenas na filosofia, mas deixam de ser nutridos pelos aportes das ciências.

Nessas condições, as mentes formadas pelas disciplinas perdem suas aptidões naturais para contextualizar os saberes, do mesmo modo que para integrá-los em seus conjuntos naturais. O enfraquecimento da percepção do global conduz ao enfraquecimento da responsabilidade (cada qual tende a ser responsável apenas por sua tarefa especializada), assim como ao enfraquecimento da solidariedade (cada qual não mais sente os vínculos com seus concidadãos).

3. OS PROBLEMAS ESSENCIAIS

3.1 Disjunção e especialização fechada

De fato, a hiperespecialização[4] impede tanto a percepção do global (que ela fragmenta em parcelas), quanto do essencial (que ela dissolve). Impede, até mesmo, tratar corretamente os problemas particulares, que só podem ser propostos e pensados em seu contexto. Entretanto, os problemas essenciais nunca são parcelados, e os problemas globais são cada vez mais essenciais. Enquanto a cultura geral comportava a incitação à busca da contextualização de qualquer informação ou ideia, a cultura científica e técnica disciplinar parcela, desune e compartimenta os saberes, tornando cada vez mais difícil sua contextualização.

Ao mesmo tempo, o recorte das disciplinas impossibilita apreender "o que está tecido junto", ou seja, segundo o sentido original do termo, o complexo.

O conhecimento especializado é uma forma particular de abstração. A especialização "abs-trai", em outras palavras, extrai um objeto de seu contexto e de seu conjunto; rejeita os laços e as intercomunicações com seu meio; introduz o objeto no setor conceptual abstrato, que é o da disciplina compartimentada, cujas fronteiras fragmentam arbitrariamente a sistemicidade (relação da parte com o todo) e a multidimensionalidade dos fenômenos; conduz à abstração matemática que opera de si própria uma cisão com o

[4] Em outras palavras, a especialização que se fecha sobre si mesma, sem permitir sua integração na problemática global ou na concepção de conjunto do objeto do qual ela só considera um aspecto ou uma parte.

concreto, privilegiando tudo que é calculável e passível de ser formalizado.

Assim, a economia, por exemplo, que é a ciência social matematicamente mais avançada, é também a ciência social e humanamente mais atrasada, já que se abstraiu das condições sociais, históricas, políticas, psicológicas, ecológicas inseparáveis das atividades econômicas. É por isso que seus peritos são, cada vez mais, incapazes de interpretar as causas e as consequências das perturbações monetárias e das bolsas, de prever e de predizer o curso econômico, mesmo em curto prazo. Por conseguinte, o erro econômico torna-se a consequência primeira da ciência econômica.

3.2 Redução e disjunção

Até meados do século XX, a maioria das ciências obedecia ao princípio da redução, que limitava o conhecimento do todo ao conhecimento de suas partes, como se a organização do todo não produzisse qualidades ou propriedades novas em relação às partes consideradas isoladamente.

O princípio de redução leva naturalmente a restringir o complexo ao simples. Assim, aplica às complexidades vivas e humanas a lógica mecânica e determinista da máquina artificial. Pode também cegar e conduzir a excluir tudo aquilo que não seja quantificável e mensurável, eliminando, dessa forma, o elemento humano do humano, isto é, paixões, emoções, dores e alegrias. Da mesma maneira, quando obedece estritamente ao postulado determinista, o princípio de redução oculta o imprevisto, o novo e a invenção.

Como nossa educação nos ensinou a separar, compartimentar, isolar, e não a unir os conhecimentos, o conjunto deles constitui um quebra-cabeças ininteligível. As interações, as retroações, os contextos e as complexidades que se encontram na *man's land* entre as disciplinas tornam-se invisíveis. Os grandes problemas humanos desaparecem, em benefício dos problemas técnicos particulares. A incapacidade de organizar o saber disperso e compartimentado conduz à atrofia da disposição mental natural de contextualizar e de globalizar.

A inteligência parcelada, compartimentada, mecanicista, disjuntiva e reducionista rompe o complexo do mundo em fragmentos disjuntos, fraciona os problemas, separa o que está unido, torna unidimensional o multidimensional. É uma inteligência míope que acaba por ser normalmente cega. Destrói no embrião as possibilidades de compreensão e de reflexão, reduz as possibilidades de julgamento corretivo ou da visão em longo prazo. Por isso, quanto mais os problemas se tornam multidimensionais, maior é a incapacidade de pensar sua multidimensionalidade; quanto mais a crise progride, mais progride a incapacidade de pensar a crise; mais os problemas se tornam planetários, mais eles se tornam impensáveis. Incapaz de considerar o contexto e o complexo planetário, a inteligência cega torna-se inconsciente e irresponsável.

3.3 A falsa racionalidade

Dan Simmons supõe, em sua tetralogia de ficção científica (*Hypérion* e seguintes), que um tecnocentro, oriundo da emancipação das técnicas e dominado pelas IAs (inteligências artificiais), esforça-se para controlar os humanos. O problema dos humanos é beneficiarem-se das técnicas, mas não se submeterem a elas.

Estamos, contudo, em via de subordinação às IAs instaladas nas mentes em profundidade, sob forma de pensamento tecnocrático; este pensamento, pertinente para tudo que se relaciona com as máquinas artificiais, é incapaz de compreender o vivo e o humano aos quais se aplica, acreditando-se o único racional.

De fato, a falsa racionalidade, isto é, a racionalização abstrata e unidimensional, triunfa sobre as terras.[5] Por toda parte e durante décadas, soluções presumivelmente racionais trazidas por peritos convencidos de trabalhar para a razão e para o progresso e de não

---

[5] Sabe-se que intenções salutares, obedecendo a essas instruções, produzem, em longo prazo, efeitos nocivos que contrabalançam, e até ultrapassam, os efeitos benéficos. Assim, a *Revolução verde (Révolution verte)*, promovida para alimentar o Terceiro Mundo, incrementou consideravelmente as fontes alimentares e permitiu evitar, de modo notável, a escassez; entretanto, foi preciso rever esta ideia inicial, aparentemente racional, mas, de maneira abstrata, maximizante, de selecionar e multiplicar sobre vastas superfícies um único genoma vegetal — o mais produtivo quantitativamente. Percebeu-se que a ausência de variedade genética permitia ao agente patógeno (ao qual este genoma podia resistir) destruir, na mesma estação, toda a colheita. Então, promoveu-se o restabelecimento de certa variedade genética

identificar mais que superstições nos costumes e nas crenças das populações, empobreceram ao enriquecer, destruíram ao criar. Por todo o planeta, o desmatamento e a retirada das árvores em milhares de hectares contribuem para o desequilíbrio hídrico e a desertificação das terras. Caso não sejam regulamentados, estes desmatamentos transformarão, por exemplo, as fontes tropicais do Nilo em cursos de água secos durante três quartos do ano e acabarão por secar o Amazonas. As grandes monoculturas eliminaram as pequenas policulturas de subsistência, agravando a escassez e determinando o êxodo rural e a favelização urbana. Como diz François Garczynski, "este tipo de agricultura cria desertos no duplo sentido do termo — erosão dos solos e êxodo rural". A pseudofuncionalidade, que não considera as necessidades não quantificáveis e não identificáveis, multiplicou os subúrbios e as cidades novas, convertendo-as rapidamente em lugares isolados pelo tédio, pela sujeira, pela degradação, pelo abandono, pela despersonalização e pela delinquência. As obras-primas mais monumentais da racionalidade tecnoburocrática ocorreram na ex-União Soviética; ali, por exemplo, se desviou o curso de rios para irrigar, nas horas mais quentes, hectares de plantações de algodão sem árvores, provocando a salinização do solo com a subida do sal da terra, a volatilização das águas subterrâneas, o desaparecimento do Mar de Aral. As degradações foram mais graves na Rússia do que no Ocidente, porque lá as tecnoburocracias não sofreram reação dos cidadãos. Lamentavelmente, após a queda do império, os dirigentes dos novos Estados chamaram peritos liberais do Ocidente, que ignoram, de maneira deliberada, que a economia competitiva de mercado necessita de instituições, leis e regras. E, incapazes de elaborar a indispensável estratégia completa, que, como Maurice Allais havia indicado — apesar de tudo, um economista liberal —, implicava planejar o desmonte do plano e programar a desprogramação, provocaram novos desastres.

---

com a finalidade de otimizar, e não mais maximizar, os rendimentos. Aliás, os derrames maciços de fertilizantes degradam o solo, as irrigações não levam em consideração o terreno, provocando sua erosão; a acumulação de pesticidas destrói as regulações entre espécies, eliminando o útil simultaneamente ao prejudicial, provocando até mesmo, às vezes, a multiplicação desenfreada de uma espécie prejudicial imune aos pesticidas; além disso, as substâncias tóxicas contidas nos pesticidas passam aos alimentos e alteram a saúde dos consumidores.

De tudo isso resultam catástrofes humanas cujas vítimas e cujas consequências não são reconhecidas nem contabilizadas, como se faz com as vítimas das catástrofes naturais.

Desse modo, o século XX viveu sob o domínio da pseudorracionalidade, que presumia ser a única racionalidade, mas atrofiou a compreensão, a reflexão e a visão em longo prazo. Sua insuficiência para lidar com os problemas mais graves constituiu um dos mais graves problemas para a humanidade.

Disso resulta um paradoxo: o século XX produziu avanços gigantescos em todas as áreas do conhecimento científico, assim como em todos os campos da técnica. Ao mesmo tempo, produziu nova cegueira para os problemas globais, fundamentais e complexos, e esta cegueira gerou inúmeros erros e ilusões, a começar por parte dos cientistas, técnicos e especialistas.

Por quê? Porque se desconhecem os princípios maiores do conhecimento pertinente. O parcelamento e a compartimentação dos saberes impedem apreender "o que está tecido junto".

Não deveria o novo século emancipar-se do controle da racionalidade mutilada e mutiladora, a fim de que a mente humana pudesse, enfim, controlá-la?

Trata-se de entender o pensamento que separa e que reduz, no lugar do pensamento que distingue e une. Não se trata de abandonar o conhecimento das partes pelo conhecimento das totalidades, nem da análise pela síntese; é preciso conjugá-las. Existem desafios da complexidade com os quais os desenvolvimentos próprios de nossa era planetária nos confrontam ineluctavelmente.

CAPÍTULO III

ENSINAR A CONDIÇÃO HUMANA

A educação do futuro deverá ser o ensino primeiro e universal, centrado na condição humana. Estamos na era planetária; uma aventura comum conduz os seres humanos, onde quer que se encontrem. Estes devem reconhecer-se em sua humanidade comum e, ao mesmo tempo, reconhecer a diversidade cultural inerente a tudo que é humano.

Conhecer o humano é, antes de tudo, situá-lo no universo, e não separá-lo dele. Como vimos (Capítulo I), todo conhecimento deve contextualizar seu objeto, para ser pertinente. Quem somos? é inseparável de *Onde estamos?*, *De onde viemos?*, *Para onde vamos?*.

Interrogar nossa condição humana implica questionar primeiro nossa posição no mundo. O fluxo de conhecimentos, no final do século XX, traz nova luz sobre a situação do ser humano no universo. Os progressos concomitantes da cosmologia, das ciências da Terra, da ecologia, da biologia, da pré-história, nos anos de 1960/1970, modificaram as ideias sobre o Universo, a Terra, a Vida e sobre o próprio Homem. Mas estas contribuições permanecem ainda desunidas. O humano continua esquartejado, partido como pedaços de um quebra-cabeça no qual falta uma peça. Aqui se apresenta um problema epistemológico: é impossível conceber a unidade complexa do ser humano pelo pensamento disjuntivo, que concebe nossa humanidade de maneira insular, fora do cosmos que a rodeia, da matéria física e do espírito do qual somos constituídos, bem como pelo pensamento redutor, que restringe a unidade humana a um substrato puramente bioanatômico. As ciências humanas são elas próprias fragmentadas e compartimentadas. Assim, a complexidade humana torna-se invisível, e o homem desvanece "como um rastro na areia". Além disso, o novo saber, por não ter sido religado, não é assimilado nem integrado. Paradoxalmente, assiste-se ao agravamento da ignorância do todo, enquanto avança o conhecimento das partes.

Disso decorre que, para a educação do futuro, é necessário promover grande remembramento dos conhecimentos oriundos das ciências naturais, a fim de situar a condição humana no mundo; dos conhecimentos derivados das ciências humanas, para colocar em evidência a multidimensionalidade e a complexidade humanas, bem como para integrar (na educação do futuro) a contribuição inestimável das humanidades, não somente a filosofia e a história, mas também a literatura, a poesia, as artes...

1. ENRAIZAMENTO/DESENRAIZAMENTO DO SER HUMANO

Devemos reconhecer nosso duplo enraizamento no cosmos físico e na esfera viva e, ao mesmo tempo, nosso desenraizamento propriamente humano. Estamos simultaneamente dentro e fora da natureza.

1.1 A condição cósmica

Abandonamos recentemente a ideia do Universo ordenado, perfeito, eterno pelo universo nascido da irradiação, em devenir disperso, onde atuam, de modo complementar, concorrente e antagônico, a ordem, a desordem e a organização.

Encontramo-nos no gigantesco cosmos em expansão, constituído de bilhões de galáxias e de bilhões e bilhões de estrelas. Aprendemos que nossa Terra era um minúsculo pião que girava em torno de um astro errante na periferia de pequena galáxia de subúrbio. As partículas de nossos organismos "teriam" aparecido desde os primeiros segundos de existência de nosso cosmo há (talvez?) 15 bilhões de anos; nossos átomos de carbono formaram-se em um ou vários sóis anteriores ao nosso; nossas moléculas agruparam-se nos primeiros tempos convulsivos da Terra; estas macromoléculas associaram-se em turbilhões dos quais um, cada vez mais rico em diversidade molecular, se metamorfoseou em organização de novo tipo, em relação à organização estritamente química: uma *auto--organização viva*.

A epopeia cósmica da organização, continuamente sujeita às forças da desorganização e da dispersão, é também a epopeia da religação, que, sozinha, impediu que o cosmos se dispersasse ou se desvanecesse ao nascer. No seio da aventura cósmica, no ápice do desenvolvimento prodigioso de um ramo singular da auto-organização viva, prosseguimos a aventura à nossa maneira.

1.2 A condição física

Uma porção de substância física organizou-se de maneira termodinâmica sobre a Terra, por meio de imersão marinha, de banhos químicos, de descargas elétricas, adquiriu Vida. A vida é solar: todos os seus elementos foram forjados em um sol e reunidos em um planeta cuspido pelo Sol: ela é a transformação de uma torrente fotônica resultante de resplandecentes turbilhões solares. Nós, os seres vivos, somos um elemento da diáspora cósmica, algumas migalhas da existência solar, um diminuto broto da existência terrena.

1.3 A condição terrestre

Pertencemos ao destino cósmico, porém estamos marginalizados: nossa Terra é o terceiro satélite de um sol destronado de seu posto central, convertido em astro pigmeu errante entre bilhões de estrelas em uma galáxia periférica de um universo em expansão...

Nosso planeta agregou-se há cinco bilhões de anos, a partir, provavelmente, de detritos cósmicos resultantes da explosão de um sol anterior, e, há quatro bilhões de anos, a organização viva emergiu de um turbilhão macromolecular em meio a tormentas e convulsões telúricas.

A Terra autoproduziu-se e auto-organizou-se na dependência do Sol; constituiu-se em complexo biofísico, a partir do momento em que se desenvolveu a biosfera.

Somos, a um só tempo, seres cósmicos e terrestres.

A vida nasceu de convulsões telúricas, e sua aventura correu perigo de extinção ao menos por duas vezes (no fim da Era Primária e durante a Secundária). Desenvolveu-se não apenas em diversas espécies, mas também em ecossistemas em que as predações e as devorações constituíram a cadeia trófica de dupla face: a da vida e a da morte.

Nosso planeta erra no cosmo. Devemos assumir as consequências da situação marginal, periférica que é a nossa.

Como seres vivos deste planeta, dependemos vitalmente da biosfera terrestre; devemos reconhecer nossa identidade terrena física e biológica.

1.4 A condição humana

A importância da hominização é primordial à educação voltada para a condição humana, porque nos mostra como a animalidade e a humanidade constituem, juntas, nossa condição humana.

A antropologia pré-histórica mostra-nos como a hominização é uma aventura de milhões de anos, ao mesmo tempo descontínua — surgimento de novas espécies: *habilis*, *erectus*, *neanderthal*, *sapiens*; e desaparecimento das precedentes; aparecimento da linguagem e da cultura — e contínua, no sentido de que prossegue em um processo de bipedização, manualização, erguimento do corpo, cerebralização[6], juvenescimento (o adulto que conserva os caracteres não especializados do embrião e os caracteres psicológicos da juventude), de complexificação social, processo durante o qual aparece a linguagem propriamente humana, ao mesmo tempo em que se constitui a cultura, capital adquirido de saberes, de fazeres, de crenças e de mitos transmitidos de geração em geração...

A hominização conduz a novo início. O hominídeo humaniza-se. Doravante, o conceito de homem tem duplo princípio; um princípio biofísico e um psicossociocultural, um remetendo ao outro.

Somos originários do cosmos, da natureza, da vida, mas, devido à própria humanidade, à nossa cultura, à nossa mente, à nossa cons-

---

[6] Medidas do crânio — Australopiteco: 508 cm^3, *Homo erectus*: 608 cm^3, *Homo erectus*: 800-1100 cm^3, homem moderno: 1200-1500 cm^3.

ciência, tornamo-nos estranhos a este cosmos, que nos parece secretamente íntimo. Nosso pensamento e nossa consciência fazem-nos conhecer o mundo físico e distanciam-nos dele. O próprio fato de considerar racional e cientificamente o universo separa-nos dele. Desenvolvemo-nos além do mundo físico e vivo. É neste "além" que tem lugar a plenitude da humanidade.

À maneira de ponto do holograma, trazemos, no seio de nossa singularidade, não somente toda a humanidade e toda a vida, mas também quase todo o cosmos, incluindo seu mistério, que, sem dúvida, jaz no fundo da natureza humana. Mas não somos seres que poderiam ser conhecidos e compreendidos unicamente por meio da cosmologia, da física, da biologia, da psicologia...

2. O HUMANO DO HUMANO

2.1 Unidualidade

O humano é um ser, a um só tempo, plenamente biológico e plenamente cultural, que traz em si a unidualidade originária. É super e hipervivente: desenvolveu, de modo surpreendente, as potencialidades da vida. Exprime, de maneira hipertrofiada, as qualidades egocêntricas e altruístas do indivíduo, alcança paroxismos de vida em êxtases e embriaguez, ferve de ardores orgiásticos e orgásticos, e é nesta hipervitalidade que o *Homo sapiens* é também *Homo demens*.

O homem é, portanto, um ser plenamente biológico, mas, se não dispusesse plenamente da cultura, seria um primata do mais baixo nível. A cultura acumula em si o que é conservado, transmitido, aprendido, e comporta normas e princípios de aquisição.

2.2 O circuito cérebro↔mente↔cultura

O homem somente se realiza plenamente como ser humano pela cultura e na cultura. Não há cultura sem cérebro humano (aparelho biológico dotado de competência para agir, perceber, saber, aprender), mas não há mente (*mind*), isto é, capacidade de consciência e pensamento, sem cultura. A mente humana é uma criação que emerge e se afirma na relação cérebro-cultura. Com o surgimento da mente, ela intervém no funcionamento cerebral e retroage sobre ele. Há, portanto, uma tríade em circuito entre *cérebro↔mente↔cultura*, em que cada um dos termos é necessário ao outro. A mente é o surgimento do cérebro que suscita a cultura, que não existiria sem o cérebro.

2.3 O circuito razão↔afeto↔pulsão

Encontramos, ao mesmo tempo, uma tríade bioantropológica distinta de *cérebro↔mente↔cultura*: decorre da concepção do cérebro triúnico de MacLean.[7] O cérebro humano contém: a) paleocéfalo, herdeiro do cérebro reptiliano, fonte da agressividade, do cio, das pulsões primárias, b) mesocéfalo, herdeiro do cérebro dos antigos mamíferos, no qual o hipocampo parece ligado ao desenvolvimento da afetividade e da memória em longo prazo, c) o córtex, que, já bem desenvolvido nos mamíferos, chegando a envolver todas as estruturas do encéfalo e a formar os dois hemisférios cerebrais, se hipertrofia nos humanos no neocórtex, que é a sede das aptidões analíticas, lógicas, estratégicas, que a cultura permite atualizar completamente. Assim emerge outra face da complexidade humana que integra a animalidade (mamífero e réptil) na humanidade e a humanidade na animalidade.[8] As relações entre as três instâncias são não apenas complementares, mas também antagônicas, comportando conflitos bem conhecidos entre a pulsão, o coração e a razão; correlativamente, a relação triúnica não obedece à hierarquia *razão↔ afetividade↔ pulsão*; há uma relação instável, permutante, rotativa entre estas três instâncias. A racionalidade não dispõe, portanto, de poder supremo. É uma instância concorrente e antagônica às outras instâncias de uma tríade inseparável e é frágil: pode ser dominada, submersa ou mesmo escravizada pela afetividade ou pela pulsão. A pulsão homicida pode servir-se da maravilhosa máquina lógica e utilizar a racionalidade técnica para organizar e justificar suas ações.

---

[7] MacLEAN, P. D. The triune brain. In: SMITH, F. Q. (Ed.). *The Neurosciences, Second Study Program*. New York: Rockefeller University Press, 1970.

[8] Como vimos no capítulo precedente, isso leva-nos a associar estreitamente inteligência a afetividade, o que indicam claramente os trabalhos de A. Damasioi, *L'erreur de Descartes*, ed. O. Jacob, Paris; e de J. M. Vincent, *Biologie des Passions*, ed. O. Jacob, Paris.

2.4 O circuito indivíduo↔sociedade↔espécie

Finalmente, existe a relação triádica *indivíduo↔sociedade↔ espécie*. Os indivíduos são produtos do processo reprodutor da espécie humana, mas este processo deve ser ele próprio realizado por dois indivíduos. As interações entre indivíduos produzem a sociedade, que testemunha o surgimento da cultura e que retroage sobre os indivíduos pela cultura.

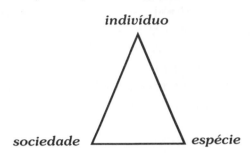

Não se pode tornar o indivíduo absoluto e fazer dele o fim supremo desse circuito; tampouco se pode fazê-lo com a sociedade ou a espécie. No nível antropológico, a sociedade vive para o indivíduo, o qual vive para a sociedade; a sociedade e o indivíduo vivem para a espécie, que vive para o indivíduo e para a sociedade. Cada um destes termos é, ao mesmo tempo, meio e fim: é a cultura e a sociedade que garantem a realização dos indivíduos, e são as interações entre indivíduos que permitem a perpetuação da cultura e a auto-organização da sociedade. Entretanto, podemos considerar que a plenitude e a livre expressão dos indivíduos-sujeitos constituem nosso propósito ético e político, sem, entretanto, pensarmos que constituem a própria finalidade da tríade *indivíduo↔sociedade↔espécie*. A complexidade humana não poderia ser compreendida dissociada dos elementos que a constituem: **todo desenvolvimento verdadeiramente humano significa o desenvolvimento conjunto das autonomias individuais, das participações comunitárias e do sentimento de pertencer à espécie humana.**

3. *UNITAS MULTIPLEX*: UNIDADE E DIVERSIDADE HUMANA

Cabe à educação do futuro cuidar para que a ideia de unidade da espécie humana não apague a ideia de diversidade, e que a da sua diversidade não apague a da unidade. Há uma unidade humana. Há uma diversidade humana. A unidade não está apenas nos traços biológicos da espécie *Homo sapiens*. A diversidade não está apenas nos traços psicológicos, culturais, sociais do ser humano. Existe também diversidade propriamente biológica no seio da unidade humana; não apenas existe unidade cerebral, mas mental, psíquica, afetiva, intelectual; além disso, as mais diversas culturas e sociedades têm princípios geradores ou organizacionais comuns. É a unidade humana que traz em si os princípios de suas múltiplas diversidades. Compreender o humano é compreender sua unidade na diversidade, sua diversidade na unidade. É preciso conceber a unidade do múltiplo, a multiplicidade do uno.

A educação deverá ilustrar este princípio de *unidade/diversidade* em todas as esferas.

3.1 A esfera individual

Na esfera individual, existe *unidade/diversidade* genética. Todo ser humano traz geneticamente em si a espécie humana e compreende geneticamente a própria singularidade anatômica, fisiológica. Há *unidade/diversidade* cerebral, mental, psicológica, afetiva, intelectual, subjetiva: todo ser humano carrega, de modo cerebral, mental, psicológico, afetivo, intelectual e subjetivo, os caracteres fundamentalmente comuns e, ao mesmo tempo, possui as próprias singularidades cerebrais, mentais, psicológicas, afetivas, intelectuais, subjetivas...

3.2 A esfera social

Na esfera da sociedade, existe a *unidade/diversidade* das línguas (todas diversas com base em uma estrutura de dupla articulação comum, o que nos torna gêmeos pela linguagem e separados pelas línguas), das organizações sociais e das culturas.

3.3 Diversidade cultural e pluralidade de indivíduos

Diz-se justamente **A** *Cultura*, diz-se justamente **as** *culturas*.

A cultura é constituída pelo conjunto dos saberes, dos fazeres, das regras, das normas, das proibições, das estratégias, das crenças, das ideias, dos valores, dos mitos, que se transmite de geração em geração, se reproduz em cada indivíduo, controla a existência da sociedade e mantém a complexidade psicológica e social. Não há sociedade humana, arcaica ou moderna, desprovida de cultura, mas cada cultura é singular. Assim, sempre existe a cultura nas culturas, **mas a cultura existe apenas por meio *das* culturas**.

As técnicas podem migrar de uma cultura para outra, como foi o caso da roda, da atrelagem, da bússola, da imprensa. Foi assim também com determinadas crenças religiosas, depois com ideias leigas que, nascidas em uma cultura singular, puderam universalizar-se. Mas existe, em cada cultura, um capital específico de crenças, ideias, valores, mitos e, particularmente, aqueles que unem uma comunidade singular a seus ancestrais, suas tradições, seus mortos.

Os que veem a diversidade das culturas tendem a minimizar ou a ocultar a unidade humana; os que veem a unidade humana tendem a considerar como secundária a diversidade das culturas. Ao contrário, é apropriado conceber a unidade que assegure e favoreça a diversidade, a diversidade que se inscreva na unidade.

O duplo fenômeno da unidade e da diversidade das culturas é crucial. A cultura mantém a identidade humana naquilo que tem de específico; as culturas mantêm as identidades sociais naquilo que têm de específico. As culturas são aparentemente fechadas em si mesmas para salvaguardar sua identidade singular. Mas, na realidade, são também abertas: integram nelas não somente os saberes e as técnicas, mas também as ideias, os costumes, os alimentos, os indivíduos vindos de fora. As assimilações de uma cultura a outra são enriquecedoras. Verificam-se também mestiçagens culturais bem-sucedidas, como as que produziram o flamenco, a música da América Latina, o *raï* [9]. Ao contrário, a desintegração de uma cultura, sob o efeito destruidor da dominação técnico-civilizacional, é uma perda para toda a humanidade, cuja diversidade cultural constitui um dos mais preciosos tesouros.

O ser humano é, ao mesmo tempo, singular e múltiplo. Dissemos que todo ser humano, tal como o ponto de um holograma, traz em si o cosmo. Devemos ver também que todo ser, mesmo aquele fechado na mais banal das vidas, constitui, ele próprio, um cosmo. Traz em si multiplicidades interiores, personalidades virtuais, uma infinidade de

---

[9] N. T. Música popular moderna da Argélia. (*Le Nouveau Petit Robert*. [Paris]: Dictionnaires Le Robert, 1994).

personagens quiméricos, uma poliexistência no real e no imaginário, no sono e na vigília, na obediência e na transgressão, no ostensivo e no secreto, balbucios embrionários em suas cavidades e profundezas insondáveis. Cada qual contém em si galáxias de sonhos e de fantasmas, impulsos de desejos e amores insatisfeitos, abismos de desgraças, imensidões de indiferença gélida, queimações de astro em fogo, acessos de ódio, desregramentos, lampejos de lucidez, tormentas dementes...

3.4 Sapiens↔demens

O século XXI deverá abandonar a visão unilateral que define o ser humano pela racionalidade (*Homo sapiens*), pela técnica (*Homo faber*), pelas atividades utilitárias (*Homo economicus*), pelas necessidades obrigatórias (*Homo prosaicus*). O ser humano é complexo e traz em si, de modo bipolarizado, caracteres antagonistas:

sapiens e *demens* (sábio e louco)
faber e *ludens* (trabalhador e lúdico)
empiricus e *imaginarius* (empírico e imaginário)
economicus e *consumans* (econômico e consumista)
prosaicus e *poeticus* (prosaico e poético)

O homem da racionalidade é também o da afetividade, do mito e do delírio (*demens*). O homem do trabalho é também o homem do jogo (*ludens*). O homem empírico é também o homem imaginário (*imaginarius*). O homem da economia é também o do consumismo (*consumans*). O homem prosaico é também o da poesia, isto é, do fervor, da participação, do amor, do êxtase. O amor é poesia. Um amor nascente inunda o mundo de poesia, um amor duradouro irriga de poesia a vida cotidiana; o fim de um amor devolve-nos à prosa.

Assim, o ser humano não só vive de racionalidade e de técnica; ele desgasta-se, entrega-se, dedica-se a danças, transes, mitos, magias, ritos; crê nas virtudes do sacrifício, viveu frequentemente para preparar sua outra vida além da morte. Por toda parte, uma atividade técnica, prática, intelectual testemunha a inteligência empírico-racional; em toda parte, festas, cerimônias, cultos com suas possessões, exaltações, desperdícios, "consumismos", testemunham o *Homo ludens, poeticus, consumans, imaginarius, demens*. As atividades de jogo, de festas, de ritos não são apenas pausas antes de retomar a vida prática ou o trabalho; as crenças nos deuses e nas ideias não podem ser reduzidas a ilusões ou superstições: possuem raízes que mergulham nas profundezas antropológicas; referem-se ao ser humano em sua natureza. Há relação manifesta ou subterrânea entre o psiquismo, a afetividade, a magia, o mito, a religião. Existe, ao mesmo tempo, unidade e dualidade entre *Homo faber, Homo ludens, Homo sapiens* e *Homo demens*. E, no ser humano, o desenvolvimento do conhecimento racional-empírico-técnico jamais anulou o conhecimento simbólico, mítico, mágico ou poético.

3.5 *Homo complexus*

Somos seres infantis, neuróticos, delirantes e também racionais. Tudo isso constitui o estofo propriamente humano.

O ser humano é um ser racional e irracional, capaz de medida e desmedida; sujeito de afetividade intensa e instável. Sorri, ri, chora, mas sabe também conhecer com objetividade; é sério e calculista, mas também ansioso, angustiado, gozador, ébrio, extático; é um ser de violência e de ternura, de amor e de ódio; é um ser que é invadido pelo imaginário e que pode reconhecer o real; que é consciente da morte, mas que não pode crer nela; que secreta o mito e a magia, mas também a ciência e a filosofia; que é possuído pelos deuses e pelas Ideias, mas que duvida dos deuses e critica as Ideias; nutre-se dos conhecimentos comprovados, mas também de ilusões e de quimeras. E quando, na ruptura de controles racionais, culturais, materiais, há confusão entre o objetivo e o subjetivo, entre o real e o imaginário, quando há hegemonia de ilusões, excesso desencadeado, então o *Homo demens* submete o *Homo sapiens* e subordina a inteligência racional a serviço de seus monstros.

A loucura é também um problema central do homem, e não apenas seu dejeto ou sua doença. O tema da loucura humana foi evidente para a filosofia da Antiguidade, a sabedoria oriental, os poetas de todos os continentes, os moralistas, Erasmo, Montaigne, Pascal, Rousseau. Volatilizou-se não somente na euforia ideológica humanista, que destinou o homem a reger o universo, mas também nas ciências humanas e na filosofia.

A demência não levou a espécie humana à extinção (só as energias nucleares liberadas pela razão científica e só o desenvolvimento da racionalidade técnica dependente da biosfera poderão conduzi-la ao desaparecimento). Entretanto, tanto tempo parece ter-se perdido, desperdiçado com ritos, cultos, delírios, decorações, danças e muitas ilusões... A despeito disso, o desenvolvimento técnico, em seguida o científico, foi fulgurante; as civilizações produziram filosofia e ciência; a humanidade dominou a Terra.

Isso significa que os progressos da complexidade se fazem ao mesmo tempo, apesar da loucura humana, com ela e por causa dela.

A dialógica *sapiens↔demens* foi criadora e também destruidora; o pensamento, a ciência, as artes foram irrigadas pelas forças profundas da afetividade, pelos sonhos, pelas angústias, pelos desejos, pelos medos, pelas esperanças. Nas criações humanas, há sempre uma dupla pilotagem *sapiens↔demens*. *Demens* inibiu, mas também favoreceu *sapiens*. Platão já havia observado que *Diké*, a lei sábia, é filha de *Húbris*, o descomedimento.

Tal furor cego destrói as colunas de um templo de servidão, como a Tomada da Bastilha e, ao contrário, tal culto da Razão nutre a guilhotina.

A possibilidade do gênio decorre de que o ser humano não é completamente prisioneiro do real, da lógica (neocórtex), do código genético, da cultura, da sociedade. A pesquisa e a descoberta avançam no vácuo da incerteza e da incapacidade de decidir. O gênio brota na brecha do incontrolável, justamente onde a loucura ronda. A criação brota da união entre as profundezas obscuras psicoafetivas e a chama viva da consciência.

Por isso, a educação deveria mostrar e ilustrar o Destino multifacetado do humano: o destino da espécie humana, o destino individual, o destino social, o destino histórico, todos entrelaçados e inseparáveis. Assim, uma das vocações essenciais da educação do futuro serão o exame e o estudo da complexidade humana. Conduziria à tomada de conhecimento, por conseguinte, de consciência, da condição comum a todos os humanos e da muito rica e necessária diversidade dos indivíduos, dos povos, das culturas, sobre nosso enraizamento como cidadãos da Terra...

CAPÍTULO IV

ENSINAR A IDENTIDADE TERRENA

"Apenas o sábio mantém o todo constantemente na mente, jamais esquece o mundo, pensa e age em relação ao cosmo."

Groethuysen

"Pela primeira vez, o homem compreendeu realmente que é um habitante do planeta e, talvez, deva pensar ou agir sob novo aspecto, não somente sob o de indivíduo, família ou gênero, Estado ou grupo de Estados, mas também sob o aspecto planetário."

Vernadski

Como os cidadãos do novo milênio poderiam refletir sobre os próprios problemas e aqueles do seu tempo?

É preciso que compreendam tanto a *condição humana* no mundo como a condição do mundo humano, que, ao longo da história moderna, se tornou condição da *era planetária*.

A partir do século XVI, entramos na era planetária e encontramo-nos, desde o final do século XX, na fase da mundialização.

A mundialização, no estágio atual da era planetária, significa primeiramente, como disse o geógrafo Jacques Lévy: "o surgimento de um objeto novo, o mundo como tal". Porém, quanto mais somos envolvidos pelo mundo, mais difícil é para nós apreendê-lo. Na era das telecomunicações, da informação, da internet, estamos submersos na complexidade do mundo — as incontáveis informações sobre o mundo sufocam nossas possibilidades de inteligibilidade.

Daí nasce a esperança de destacar um problema vital por excelência que subordinaria os demais problemas vitais. Mas *este problema vital é constituído pelo conjunto de problemas vitais*, ou seja, a intersolidariedade complexa de problemas, antagonismos, crises, processos descontrolados. O problema planetário é um todo que se nutre de ingredientes múltiplos, conflitivos, nascidos de crises; ele engloba-os, ultrapassa-os e nutre-os de volta.

O que agrava a dificuldade de conhecer nosso mundo é o modo de pensar, que atrofiou em nós, em vez de desenvolver, a aptidão de contextualizar e de globalizar, uma vez que a exigência da era planetária é pensar sua globalidade, a relação todo-partes, sua multidimensionalidade, sua complexidade — o que nos remete à reforma do pensamento, tratada no Capítulo II, necessária para conceber o contexto, o global, o multidimensional, o complexo.

É a complexidade (a cadeia *produtiva/destrutiva* das ações mútuas das partes sobre o todo e do todo sobre as partes) que apresenta problema. Necessitamos, desde então, conceber a insustentável complexidade do mundo, no sentido de que é preciso considerar, a um só tempo, a unidade e a diversidade do processo planetário, suas complementaridades, ao mesmo tempo que seus antagonismos. *O planeta não é um sistema global, mas um turbilhão em movimento, desprovido de centro organizador.*

O planeta exige um pensamento policêntrico capaz de apontar o universalismo, não abstrato, mas consciente da *unidade/diversidade* da condição humana; um pensamento policêntrico nutrido das culturas do mundo. Educar para este pensamento é a finalidade da educação do futuro, que deve trabalhar, na era planetária, para a identidade e a consciência terrenas.

1. A ERA PLANETÁRIA

As ciências contemporâneas ensinam-nos que estaríamos a 15 bilhões de anos de uma catástrofe indizível, a partir da qual se criou o cosmo; a talvez cinco milhões de anos, desde que começou a aventura da hominização, que nos teria diferenciado dos outros antropoides; a cem mil anos do surgimento do *Homo sapiens* e a dez mil anos após o nascimento das civilizações históricas, e que entramos no início do terceiro milênio da era dita cristã.

A história humana começou por uma diáspora planetária que afetou todos os continentes, em seguida entrou, nos tempos modernos, na era planetária da comunicação entre os diversos fragmentos da diáspora humana.

A diáspora da humanidade não produziu nenhuma cisão genética: pigmeus, negros, amarelos, índios, brancos vêm da mesma espécie, possuem os mesmos caracteres fundamentais de humanidade. Mas ela levou a extraordinária diversidade de línguas, culturas, destinos, fontes de inovação e de criação em todos os domínios. A riqueza da humanidade reside na sua diversidade criadora, mas a fonte de sua criatividade está em sua unidade geradora.

No final do século XV europeu, a China dos Ming e a Índia mongol são as mais importantes civilizações do Globo. O islamismo, na Ásia e na África, é a religião mais expandida da Terra. O Império Otomano, que da Ásia se estendeu pela Europa Oriental, aniquilou Bizâncio e ameaçou Viena, torna-se uma grande potência da Europa. O Império dos Incas e o Império dos Astecas dominam nas Américas, e Cuzco, assim como Tenochtitlán, ultrapassa em população, monumentos e esplendor as cidades de Madri, Lisboa, Paris, Londres — capitais de jovens e pequenas nações do oeste europeu.

Entretanto, a partir de 1492, são estas jovens e pequenas nações que se lançam à conquista do Globo e, por meio de aventuras, guerras e morte, engendram a era planetária que, desde então, leva os cinco continentes à comunicação para o melhor e o pior. A dominação do ocidente europeu sobre o resto do mundo provoca catástrofes de civilização especialmente nas Américas, destruição irremediável, e conduz a escravidão terrível. Assim, a era planetária abre-se e desenvolve-se na violência e por ela, pela destruição, pela escravidão e pela exploração feroz das Américas e da África. Os bacilos e os vírus da Eurásia invadem as Américas, provocando hecatombes, semeando varíola, herpes, gripe, tuberculose, enquanto levam da América o treponema da sífilis, que contamina, de sexo em sexo, até Xangai. Os europeus introduzem em suas terras milho, batata, feijão, tomate, mandioca, batata-doce, cacau, tabaco vindos da América. Levam para a América carneiros, gado bovino, cavalos, cereais, vinhedos, oliveiras e plantas tropicais, arroz, inhame, café, cana-de-açúcar.

A planetarização desenvolve-se pelo aporte da civilização europeia aos continentes, com armas, técnicas, concepções em todos os seus entrepostos, pedágios, zonas de penetração. A indústria e a técnica atingem um vulto nunca antes conhecido por alguma civilização. O progresso econômico, o desenvolvimento das comunicações, a inclusão dos continentes subjugados no mercado mundial determinam formidáveis movimentos de população, que vão ampliar o crescimento demográfico[10] generalizado. Na segunda metade do século XIX, 21 milhões de europeus atravessaram o Atlântico em direção às duas Américas. Produziram-se fluxos migratórios também na Ásia, onde os chineses se instalaram como comerciantes no Sião, em Java e na península da Malásia, embarcaram para a Califórnia, para a Colúmbia Britânica, para a Nova Gales do Sul e para a Polinésia, enquanto os hindus se fixaram em Natal[11] e na África Oriental.

A planetarização provoca, no século XX, duas guerras mundiais, duas crises econômicas mundiais e, após 1989, a generalização da economia liberal denominada mundialização. A economia mundial é, cada vez mais, um todo interdependente: cada uma de suas partes tornou-se dependente do todo e, reciprocamente, o todo sofre as perturbações e os imprevistos que afetam as partes. O planeta encolhe. Foram precisos três anos para que Magellan desse a volta ao mundo por mar (1519-22). Eram necessários ainda 80 dias para que um intrépido viajante do século XIX, utilizando estradas, trem e navegação a vapor, desse a volta ao mundo. No final do século XX, o avião a jato circunda-o em 24 horas. E, principalmente, tudo está instantaneamente presente, de um ponto do planeta ao outro, pela televisão, pelo telefone, pelo fax, pela internet...

O mundo torna-se, cada vez mais, um todo. Cada parte do mundo faz, mais e mais, parte do mundo, e o mundo, como um todo, está, cada vez mais, presente em cada uma de suas partes. Isto se verifica não apenas para as nações e os povos, mas para os indivíduos. Assim como cada ponto de um holograma contém a informação do todo do qual faz parte, também, doravante, cada indivíduo recebe ou consome informações e substâncias oriundas de todo o universo.

Por isso, o europeu, por exemplo, ao acordar cada manhã, ouve uma rádio japonesa e recebe notícias do mundo: erupções vulcânicas, terre-

---

[10] Em um século, a Europa passou de 190 para 423 milhões de habitantes; o globo, de 900 milhões para 1,6 bilhão.

[11] N. T. Natal, província da África do Sul. (*Pequeno dicionário enciclopédico Koogan Larousse*. Rio de Janeiro: Editora Larousse do Brasil, 1987).

motos, golpes de Estado, conferências internacionais chegam a ele, enquanto toma chá do Ceilão, da Índia ou da China, se não estiver tomando um *moka* da Etiópia ou um café arábica da América Latina; veste camiseta, cueca e camisa de algodão do Egito ou da Índia; usa paletó e calças de lã da Austrália, fabricada em Manchester e, depois, em Roubaix-Tourcoing ou, então, blusão de couro chinês com *jeans* estilo norte-americano. Seu relógio é suíço ou japonês. Seus óculos são feitos de casco de tartaruga equatorial. Pode encontrar em sua mesa, durante o inverno, morangos e cerejas da Argentina ou do Chile, vagens frescas vindas do Senegal, abacates ou abacaxis da África, melões de Guadalupe. Dispõe de garrafas de rum da Martinica, de vodca russa, de tequila mexicana, de *bourbon* norte-americano. Pode ouvir em casa uma sinfonia alemã regida por um maestro coreano, a não ser que assista em sua tela de vídeo à La Bohème com a "negra", Barbara Hendricks, no papel de Mimi, e o "espanhol", Plácido Domingo, no de Rodolfo.

Enquanto o europeu está nesse circuito planetário de conforto, grande número de africanos, asiáticos e sul-americanos acha-se em um circuito planetário de miséria. Sofrem no cotidiano as flutuações do mercado mundial que afetam as ações do cacau, do café, do açúcar, das matérias-primas que seus países produzem. Foram expulsos do campo, por causa dos processos mundializados provenientes do Ocidente, principalmente os progressos da monocultura industrial; camponeses autossuficientes tornaram-se suburbanos em busca de salário; suas necessidades agora são traduzidas em termos monetários. Aspiram à vida de bem-estar com a qual os fazem sonhar os comerciais e os filmes do Ocidente. Utilizam recipientes de alumínio ou de plástico, bebem cerveja ou Coca-Cola. Dormem sobre restos recuperados de espuma de polietileno e usam camisetas com estampas norte-americanas. Dançam ao som de músicas sincréticas cujos ritmos tradicionais chegam em orquestrações vindas da América. Dessa maneira, para o melhor e o pior, cada ser humano, rico ou pobre, do Sul ou do Norte, do Leste ou do Oeste, traz em si, sem saber, o planeta inteiro. A mundialização é, ao mesmo tempo, evidente, subconsciente e onipresente.

A mundialização é, sem dúvida, unificadora, mas é preciso acrescentar imediatamente que é também conflituosa em sua essência. A unificação mundializante faz-se acompanhar, cada vez mais, pelo próprio negativo que ela suscita, pelo efeito contrário: a balcanização. O mundo, cada vez mais, torna-se uno, mas torna-se, ao mesmo tempo, cada vez mais dividido. Paradoxalmente, foi a própria era planetária que permitiu e favoreceu o parcelamento generalizado dos Estados-nações; de fato, o pedido de emancipação da nação é estimulado por um movimento de ressurgência da identidade ancestral, que ocorre em reação à corrente planetária de homogeneização civilizacional, e esta demanda é intensificada pela crise generalizada do futuro.

Os antagonismos entre nações, religiões, entre laicização e religião, modernidade e tradição, democracia e ditadura, ricos e pobres, Oriente e Ocidente, Norte e Sul nutrem-se uns aos outros, e a eles mesclam-se interesses estratégicos e econômicos antagônicos das grandes potências e das multinacionais voltadas para o lucro. São todos estes antagonismos que estão presentes nas zonas, ao mesmo tempo, de interferências e de fratura, como a grande área sísmica do Globo que se inicia na Armênia/Azerbaijão, atravessa o Oriente Médio e vai até o Sudão. Exasperam-se onde existem religiões e etnias misturadas, fronteiras arbitrárias entre Estados — exasperação de rivalidades e negações de toda ordem, como no Oriente Médio.

Dessa maneira, o século XX, a um só tempo, criou ou dividiu um tecido planetário único; seus fragmentos ficaram isolados, eriçados e intercombatentes. Os Estados dominam o cenário mundial como titãs brutos e ébrios, poderosos e impotentes. Ao mesmo tempo, a onda técnico-industrial sobre o Globo tende a suprimir muitas das diversidades humanas, étnicas e culturais. O próprio desenvolvimento criou mais problemas do que soluções e conduziu à crise profunda de civilização que afeta as prósperas sociedades do Ocidente.

Concebido unicamente de modo técnico-econômico, o desenvolvimento chega a um ponto insustentável, inclusive o chamado desenvolvimento sustentável. É necessária uma noção mais rica e complexa do desenvolvimento, que seja não somente material, mas também intelectual, afetiva, moral...

O século XX não saiu da idade de ferro planetária; mergulhou nela.

2. O LEGADO DO SÉCULO XX

O século XX foi o da aliança entre duas barbáries: a primeira vem das profundezas dos tempos e traz guerra, massacre, deportação, fanatismo. A segunda, gélida, anônima, vem do âmago da racionalização, que só conhece o cálculo e ignora o indivíduo, seu corpo, seus sentimentos, sua alma, e que multiplica o poderio da morte e da servidão técnico-industriais.

Para ultrapassar esta era de barbárie, é preciso, antes de tudo, reconhecer sua herança. Tal herança é dupla, a um só tempo é herança de morte e herança de nascimento.

2.1 A herança de morte

O século XX pareceu dar razão à fórmula atroz, segundo a qual *a evolução humana é o crescimento do poderio da morte*.

A morte introduzida pelo século XX não é somente a de dezenas de milhões de mortos das duas guerras mundiais e dos campos de extermínio nazistas e soviéticos; é também a de dois novos poderes de morte.

2.1.1 As armas nucleares

O primeiro é o da possibilidade de extinção global de toda a humanidade pelas armas nucleares. Esta ameaça não foi dissipada no limiar do terceiro milênio; ao contrário, cresce com a disseminação e a miniaturização da bomba. O potencial de autoaniquilamento acompanha, daqui em diante, a marcha da humanidade.

2.1.2 Os novos perigos

O segundo é a possibilidade de morte ecológica. Desde os anos de 1970, descobrimos que os dejetos, as emanações, as exalações de nosso desenvolvimento técnico-industrial urbano degradam a biosfera e ameaçam envenenar irremediavelmente o meio vivo ao qual pertencemos: a dominação desenfreada da natureza pela técnica conduz a humanidade ao suicídio.

Por outro lado, as forças de morte que acreditávamos em vias de extinção se rebelaram; o vírus da aids invadiu-nos — o primeiro vírus desconhecido que surge —, enquanto bactérias que acreditávamos eliminadas voltam mais resistentes aos antibióticos. Dessa forma, a morte reintroduziu-se com virulência em nossos corpos, que acreditávamos estarem, daqui para frente, asseptizados.

Enfim, a morte ganhou espaço em nossas almas. As forças autodestrutivas, latentes em cada um de nós, foram particularmente ativadas, sob o efeito de drogas pesadas como a heroína, por toda parte, onde se multiplicam e crescem a solidão e a angústia.

Assim, a ameaça paira sobre nós com a arma termonuclear, envolve-nos com a degradação da biosfera, potencializa-se em cada um de nossos abraços, esconde-se em nossas almas com o chamado mortal das drogas.

2.2 A morte da modernidade

A civilização nascida no Ocidente, soltando suas amarras com o passado, acreditava dirigir-se para o futuro de progresso infinito, movido pelos avanços conjuntos da ciência, da razão, da história, da economia, da democracia. Entretanto, aprendemos com Hiroshima que a ciência era ambivalente; vimos a razão retroceder e o delírio stalinista colocar a máscara da razão histórica; vimos que não havia leis da História que guiassem irresistivelmente em direção ao porvir radiante; vimos que, em parte alguma, o triunfo da democracia estava assegurado em definitivo; vimos que o desenvolvimento industrial podia causar danos à cultura e poluições mortais; vimos que a civilização do bem-estar podia gerar ao mesmo tempo mal-estar. Se a modernidade é definida como fé incondicional no progresso, na tecnologia, na ciência, no desenvolvimento econômico, então esta modernidade está morta.

2.3 A esperança

Se é verdade que o gênero humano, cuja dialógica *cérebro↔mente* não está encerrada, possui em si mesmo recursos criativos inesgotáveis, pode-se então vislumbrar, para o terceiro milênio, a possibilidade de nova criação, cujos germes e embriões foram trazidos pelo século XX: a *cidadania terrestre*. E a educação, que é ao mesmo tempo transmissão do antigo e abertura da mente para receber o novo, encontra-se no cerne dessa nova missão.

2.3.1 A contribuição das contracorrentes

O ocaso do século XX deixou como herança contracorrentes regeneradoras. Frequentemente, na história, contracorrentes suscitadas em reação às correntes dominantes podem desenvolver-se e mudar o curso dos acontecimentos. Devemos considerar:

• a contracorrente ecológica, que, com o crescimento das degradações e o surgimento de catástrofes técnicas/industriais, só tende a aumentar;

• a contracorrente qualitativa, que, em reação à invasão do quantitativo e da uniformização generalizada, se apega à qualidade em todos os campos, a começar pela qualidade de vida;

• a contracorrente de resistência à vida prosaica puramente utilitária, que se manifesta pela busca da vida poética, dedicada ao amor, à admiração, à paixão, à festa;

• a contracorrente de resistência à primazia do consumo padronizado, que se manifesta de duas maneiras opostas: uma, pela busca da intensidade vivida ("consumismo"); outra, pela busca da frugalidade e da temperança;

• a contracorrente, ainda tímida, de emancipação em relação à tirania onipresente do dinheiro, que se busca contrabalançar por relações humanas e solidárias, fazendo retroceder o reino do lucro;

• a contracorrente, também tímida, que, em reação ao desencadeamento da violência, nutre éticas de pacificação das almas e das mentes.

Pode-se igualmente pensar que todas as aspirações que nutriram as grandes esperanças revolucionárias do século XX, mas que foram frustradas, poderão renascer na forma de nova busca de solidariedade e de responsabilidade.

Poder-se-ia esperar, igualmente, que a necessidade de volta às raízes, que mobiliza hoje fragmentos dispersos da humanidade e provoca a vontade de assumir identidades étnicas ou nacionais, pudesse aprofundar-se e ampliar-se, sem negar a si mesma, nesta volta às raízes, ao seio da identidade humana de cidadãos da *Terra-pátria*.

Pode-se esperar uma política a serviço do ser humano, inseparável da política de civilização, que abriria o caminho para civilizar a Terra como casa e jardim comuns da humanidade.

Todas essas correntes prometem intensificar-se e ampliar-se ao longo do século XXI e constituir múltiplos focos de transformação, mas a verdadeira transformação só poderia ocorrer com a intertransformação de todos, operando assim uma transformação global, que retroagiria sobre as transformações individuais.

2.3.2 No jogo contraditório dos possíveis

Uma das condições fundamentais para a evolução positiva seria as forças emancipadoras inerentes à ciência e à técnica poderem superar as forças de morte e de servidão. Os desenvolvimentos da tecnociência são ambivalentes. Encolheram a Terra e deram condição imediata de comunicação a todos os pontos do Globo, proporcionaram meios para alimentar todo o planeta e para assegurar a todos os seus habitantes um mínimo de bem-estar, mas, ao contrário, criaram também as piores condições de morte e de destruição. Os seres humanos servem-se das máquinas, que escravizam energia, mas são, ao mesmo tempo, escravizados por elas. A saga de ficção científica *Hypérion*, de Dan Simmons, supõe que, em um milênio do futuro, as inteligências artificiais (IAs) terão domesticado os humanos, sem que estes tenham a consciência disso, e prepararão seu extermínio. O romance descreve peripécias surpreendentes, ao final das quais um híbrido de humano e IA, portador da alma do poeta Keats, anuncia nova sabedoria. Este é o problema crucial que se apresentou logo no início do século XX: ficaremos submissos à *tecnosfera* ou saberemos viver em simbiose com ela?

As possibilidades oferecidas pelo desenvolvimento das biotecnologias são igualmente prodigiosas para o melhor e para o pior. A genética e a manipulação molecular do cérebro humano permitirão normalizações e padronizações jamais alcançadas por doutrinações e propagandas sobre a espécie humana. Mas permitirão a eliminação de taras deformadoras, a medicina preditiva, o controle, pela mente, do próprio cérebro.

A amplitude e a aceleração das transformações atuais parecem pressagiar mutação ainda mais considerável do que aquela que fez as pequenas sociedades arcaicas de caçadores e coletadores sem Estado, sem agricultura nem cidade, passarem ao Neolítico, às sociedades históricas que há oito milênios se desenvolvem no planeta.

Podemos também contar com as inesgotáveis fontes do amor humano. Certamente o século XX sofreu terrivelmente de carência afetiva, de indiferença, de dureza e de crueldade. Mas produziu também o excesso de amor consagrado a mitos enganosos, ilusões, falsas divindades, ou que se petrifica em fetichismos menores como uma coleção de selos.

Podemos igualmente confiar nas possibilidades cerebrais do ser humano ainda em grande parte inexploradas; a mente humana poderia desenvolver aptidões ainda desconhecidas pela inteligência, pela compreensão, pela criatividade. Como as possibilidades sociais estão relacionadas com as possibilidades cerebrais, ninguém pode garantir que nossas sociedades tenham esgotado suas possibilidades de aperfeiçoamento e de transformação e que tenhamos chegado ao fim da História. Podemos esperar progresso nas relações entre humanos, indivíduos, grupos, etnias, nações.

A possibilidade antropológica, sociológica, cultural, espiritual de progresso restaura o princípio da esperança, mas sem certeza "científica", nem promessa "histórica". É uma possibilidade incerta que depende muito da tomada de consciência, da vontade, da coragem, da oportunidade... Do mesmo modo, as tomadas de consciência tornaram-se urgentes e primordiais.

Aquilo que porta o pior perigo traz também as melhores esperanças: é a própria mente humana, e é por isso que o problema da reforma do pensamento se tornou vital.

3. A IDENTIDADE E A CONSCIÊNCIA TERRENA

A união planetária é a exigência racional mínima de um mundo encolhido e interdependente. Tal união pede uma consciência e um sentimento de pertencimento mútuo que nos una à nossa Terra, considerada como primeira e última pátria.

Se a noção de pátria comporta identidade comum, relação de filiação afetiva à substância tanto materna como paterna (inclusa no termo feminino-masculino de pátria), enfim, uma comunidade de destino, então podemos fazer avançar a noção *Terra-pátria*.

Como indicamos no Capítulo III, temos todos uma identidade genética, cerebral, afetiva comum em nossas diversidades individuais, culturais e sociais. Somos produto do desenvolvimento da vida, da qual a Terra foi matriz e nutriz. Enfim, todos os humanos, desde o século XX, vivem os mesmos problemas fundamentais de vida e de morte e estão unidos na mesma comunidade de destino planetário.

Por isso, é necessário aprender a "estar aqui" no planeta. Aprender a estar aqui significa: aprender a viver, a dividir, a comunicar, a comungar; é o que se aprende somente nas culturas singulares — e por meio delas. Precisamos doravante aprender a ser, a viver, a dividir e a comunicar como humanos do planeta Terra, não mais somente pertencer a uma cultura, mas também ser terrenos. Devemos dedicar-nos não só a dominar, mas a condicionar, a melhorar, a compreender. Devemos inscrever em nós:

• *a consciência antropológica*, que reconhece a unidade na diversidade;

• *a consciência ecológica*, isto é, a consciência de habitar, com todos os seres mortais, a mesma esfera viva (biosfera): reconhecer que nossa união consubstancial com a biosfera conduz ao abandono do sonho prometeico do domínio do universo para nutrir a aspiração de convivibilidade sobre a Terra;

• *a consciência cívica terrena*, isto é, da responsabilidade e da solidariedade para com os filhos da Terra;

• *a consciência espiritual da condição humana*, que decorre do exercício complexo do pensamento e que nos permite, ao mesmo tempo, criticar-nos mutuamente, autocriticar-nos e compreender-nos mutuamente.

É necessário ensinar não mais a opor o universal às pátrias, mas a unir concentricamente as pátrias — familiares, regionais, nacionais, europeias — e a integrá-las ao universo concreto da pátria terrestre. Não se deve mais continuar a opor o futuro radiante ao passado de servidão e de superstições. Todas as culturas têm virtudes, experiências, sabedorias, ao mesmo tempo que carências e ignorâncias. É no encontro com seu passado que um grupo humano encontra energia para enfrentar seu presente e preparar seu futuro. A busca do futuro melhor deve ser complementar, não mais antagônica, ao reencontro com o passado. Todo ser humano, toda coletividade deve irrigar sua vida pela circulação incessante entre o passado, no qual reafirma a identidade ao restabelecer o elo com os ascendentes, o presente, quando afirma suas necessidades, e o futuro, no qual projeta aspirações e esforços.

Nesse sentido, os Estados podem desempenhar papel decisivo, com a condição de que aceitem, em razão do próprio interesse, abandonar sua soberania absoluta acerca de todos os grandes problemas de utilidade comum e, sobretudo, os problemas de vida ou de morte que ultrapassam sua competência isolada. De toda maneira, a *era de fecundidade dos Estados-nações dotados de poder absoluto está encerrada*, o que significa ser necessário não os desintegrar, mas respeitá-los, integrando-os em conjuntos e fazendo-os respeitar o conjunto do qual fazem parte.

O mundo confederado deve ser policêntrico e acêntrico, não apenas política, mas também culturalmente. O Ocidente, que se provincializa, sente a necessidade do Oriente, enquanto o Oriente quer permanecer ocidentalizando-se. O Norte desenvolveu o cálculo e a técnica, mas perdeu a qualidade de vida, enquanto o Sul, tecnicamente atrasado, cultiva ainda as qualidades de vida. Uma dialógica deve, de agora em diante, complementar Oriente e Ocidente, Norte e Sul.

A religação deve substituir a disjunção e apelar à *simbiosofia*, sabedoria de viver junto.

A unidade, a mestiçagem e a diversidade devem desenvolver-se contra a homogeneização e o fechamento. A mestiçagem não é apenas a criação de novas diversidades por meio do encontro; torna-se, no processo planetário, produto e produtor de religação e de unidade. Introduz a complexidade no âmago da identidade mestiça (cultural ou racial). Com certeza, cada qual pode e deve, na era planetária, cultivar a poli-identidade, que permite integrar a identidade familiar, a identidade regional, a identidade étnica, a identidade nacional, a identidade religiosa ou filosófica, a identidade continental e a identidade terrena. Mas o mestiço, ele, sim, pode encontrar nas raízes de sua poli-identidade a bipolaridade familiar, a étnica, a nacional, mesmo a continental, permitindo constituir em si a identidade complexa plenamente humana.

O duplo imperativo antropológico impõe-se: salvar a unidade humana e salvar a diversidade humana. Desenvolver nossas identidades a um só tempo concêntricas e plurais: a de nossa etnia, a de nossa pátria, a de nossa comunidade de civilização, enfim, a de cidadãos terrestres.

Estamos comprometidos, na escala da humanidade planetária, com a obra essencial da vida, que é resistir à morte. Civilizar e solidarizar a Terra, transformar a espécie humana em verdadeira humanidade torna-se o objetivo fundamental e global de toda educação que aspira não apenas ao progresso, mas à sobrevida da humanidade. A consciência de nossa humanidade, nesta era planetária, deveria conduzir-nos à solidariedade e à comiseração recíproca, de indivíduo para indivíduo, de todos para todos. A educação do futuro deverá ensinar a *ética da compreensão planetária*[12].

---

[12] Ver Capítulo VI.

CAPÍTULO V

ENFRENTAR AS INCERTEZAS

"Os deuses criam-nos muitas surpresas: o esperado não se cumpre, e ao inesperado um deus abre o caminho."

Eurípedes

Ainda não incorporamos a mensagem de Eurípedes, que é a de estarmos prontos para o inesperado. O fim do século XX foi propício, entretanto, para compreender a incerteza irremediável da história humana.

Os séculos precedentes sempre acreditaram no futuro, fosse ele repetitivo ou progressivo. O século XX descobriu a perda do futuro, ou seja, sua imprevisibilidade. Esta tomada de consciência deve ser acompanhada por outra, retroativa e correlativa: a de que a história humana foi e continua a ser uma aventura desconhecida. Grande conquista da inteligência seria poder, enfim, libertar-se da ilusão de prever o destino humano. O futuro permanece aberto e imprevisível. Com certeza, existem determinantes econômicas, sociológicas e outras ao longo da história, mas estas encontram-se em relação instável e incerta com acidentes e imprevistos numerosos que fazem bifurcar ou desviar seu curso.

As civilizações tradicionais viviam na certeza de um tempo cíclico cujo funcionamento devia ser assegurado por sacrifícios às vezes humanos. A civilização moderna viveu com a certeza do progresso histórico. A tomada de consciência da incerteza histórica acontece hoje com a destruição do mito do progresso. O progresso é certamente possível, mas é incerto. A isso acrescentam-se todas as incertezas, devido à velocidade e à aceleração dos processos complexos e aleatórios de nossa era planetária, que nem a mente humana, nem um supercomputador, nem um demônio de Laplace poderiam abarcar.

1. A INCERTEZA HISTÓRICA

Quem teria pensado, na primavera de 1914, que um atentado cometido em Sarajevo desencadearia uma guerra mundial que duraria quatro anos e que faria milhões de vítimas?

Quem teria pensado, em 1916, que o exército russo se desagregaria e que um pequeno partido marxista, marginal, provocaria, contrariamente à própria doutrina, a revolução comunista em outubro de 1917?

Quem teria pensado, em 1918, que o tratado de paz assinado traria em si os germes da Segunda Guerra Mundial, que arrebentaria em 1939?

Quem teria pensado, na prosperidade de 1927, que uma catástrofe econômica, iniciada em 1929, em Wall Street, se abateria sobre o planeta?

Quem teria pensado, em 1930, que Hitler chegaria legalmente ao poder em 1933?

Quem teria pensado, em 1940-41, afora alguns irrealistas, que o formidável domínio nazista sobre a Europa, após os impressionantes progressos da *Wehrmacht* na URSS até as portas de Leningrado e Moscou, seria acompanhado, em 1942, pela reviravolta total da situação?

Quem teria pensado, em 1943, durante a plena aliança entre soviéticos e ocidentais, que a guerra fria se manifestaria, três anos mais tarde, entre os mesmos aliados?

Quem teria pensado, em 1980, afora alguns iluminados, que o Império Soviético implodiria em 1989?

Quem teria imaginado, em 1989, a Guerra do Golfo e a guerra que esfacelaria a Iugoslávia?

Quem, em janeiro de 1999, teria sonhado com os ataques aéreos sobre a Sérvia, em março de 1999, e no momento em que estas linhas são escritas, pode medir suas consequências?

Ninguém pôde responder a tais questões no momento da escrita destas linhas, que, talvez, ficarão ainda sem resposta durante o século XXI. Como dizia Patocka: "O devenir é doravante problematizado e o será para sempre". O futuro chama-se incerteza.

2. A HISTÓRIA CRIADORA E DESTRUIDORA

O surgimento do novo não pode ser previsto, senão não seria novo. O surgimento de uma criação não pode ser conhecido por antecipação, senão não haveria criação.

A história avança, não de modo frontal como um rio, mas por desvios que decorrem de inovações ou de criações internas, de acontecimentos ou de acidentes externos. A transformação interna começa com base em criações inicialmente locais e quase microscópicas, efetua-se em meio inicialmente restrito a alguns indivíduos e surge como desvios em relação à normalidade. Se o desvio não for esmagado, pode, em condições favoráveis proporcionadas geralmente por crises, paralisar a regulação que o freava ou reprimia, para, em seguida, proliferar de modo epidêmico, desenvolver-se, propagar-se e tornar-se tendência cada vez mais poderosa, produzindo a nova normalidade. Foi assim com todas as invenções técnicas, a atrelagem, a bússola, a imprensa, a máquina a vapor, o cinema, até com o computador; foi assim com o capitalismo nas cidades-Estado do Renascimento; assim foi com todas as grandes religiões universais, nascidas de uma preleção singular, com Sidharta, Moisés, Jesus, Maomé, Lutero; assim foi com todas as grandes ideologias universais, nascidas em algumas mentes marginais.

Os despotismos e os totalitarismos sabem que os indivíduos portadores de diferenças constituem um desvio potencial; eles os eliminam e aniquilam os microfocos de desvios; entretanto os despotismos acabam por abrandar-se, e o desvio surge, às vezes na própria cúpula do Estado, frequentemente de maneira inesperada, na mente de um novo soberano ou de um novo secretário-geral.

Toda evolução é fruto do desvio bem-sucedido cujo desenvolvimento transforma o sistema onde nasceu: desorganiza o sistema, reorganizando-o. As grandes transformações são morfogêneses, criadoras de formas novas que podem constituir verdadeiras metamorfoses. De qualquer maneira, não há evolução que não seja desorganizadora/reorganizadora em seu processo de transformação ou de metamorfose.

Não existem apenas inovações e criações. Existem também destruições. Estas podem trazer novos desenvolvimentos: assim, os avanços da técnica, da indústria e do capitalismo levaram à destruição de civilizações tradicionais. As destruições maciças e brutais chegam do exterior, pela conquista e pelo extermínio que aniquilaram impérios e cidades da Antiguidade. No século XVI, a conquista espanhola constituiu uma catástrofe total para os impérios e as civilizações dos incas e dos astecas. O século XX assistiu à queda do Império Otomano, do Império Austro-Húngaro e à implosão do Império Soviético. Além disso, muitas conquistas foram perdidas para sempre após cataclismos históricos. Tantos saberes, tantas obras de pensamento, tantas obras-primas literárias, inscritos nos livros, foram destruídos com estes livros. Há fraca integração da experiência humana adquirida e forte desperdício desta experiência, dissipada em grande parte a cada geração. De fato, há um enorme desperdício das aquisições na história. Enfim, quantas boas ideias não foram integradas, mas, ao contrário, rejeitadas pelas normas, tabus, interdições.

A história também nos mostra criações surpreendentes, como em Atenas, onde surgiram, concomitantemente, cinco séculos antes de nossa era, a democracia e a filosofia, e terríveis destruições, não somente de sociedades, mas de civilizações.

A história não constitui, portanto, uma evolução linear. Conhece turbulências, bifurcações, desvios, fases imóveis, êxtases, períodos de latência seguidos de virulências, como o cristianismo, que ficou incubado dois séculos antes de o Império Romano submergir, e processos epidêmicos extremamente rápidos, como a difusão do islamismo. Trata-se da sobreposição de devenires que se entrechocam com imprevistos, incertezas, que comportam evoluções, involuções, progressões, regressões, rupturas. E, quando se constituiu a história planetária, esta comportou, como vimos neste século, duas guerras mundiais e erupções totalitárias. A história é um complexo de ordem, desordem e organização. Obedece, ao mesmo tempo, aos determinismos e aos acasos em que surgem incessantemente o "barulho e o furor". Ela tem sempre duas faces opostas: civilização e barbárie, criação e destruição, gênese e morte...

3. UM MUNDO INCERTO

A aventura incerta da humanidade não faz mais do que dar prosseguimento, em sua esfera, à aventura incerta do cosmo, nascida de um acidente impensável para nós, e que continua no devenir de criações e destruições.

Aprendemos, no final do século XX, que é preciso substituir a visão do universo obediente a uma ordem impecável pela visão na qual este universo é o jogo e o risco da dialógica (relação, ao mesmo tempo, antagônica, concorrente e complementar) entre a ordem, a desordem e a organização.

A Terra, provavelmente, em sua origem — um monte de detritos cósmicos oriundos de uma explosão solar —, auto-organizou-se ela própria na dialógica entre *ordem↔desordem↔organização* e sofreu não apenas erupções e terremotos, mas também o choque violento de aerólitos, dos quais um talvez tenha provocado o desprendimento da Lua.[13]

4. ENFRENTAR AS INCERTEZAS

Nova consciência começa a surgir: o homem, confrontado de todos os lados com as incertezas, é levado em nova aventura. É preciso aprender a enfrentar a incerteza, já que vivemos em uma época de mudanças, em que os valores são ambivalentes, em que tudo é ligado. É por isso que a educação do futuro deve voltar-se para as incertezas ligadas ao conhecimento (ver Capítulo II), pois existe:

• Um princípio de *incerteza cérebro-mental*, que decorre do processo de *tradução/reconstrução* próprio a todo conhecimento.

---

[13] Ver Capítulo III – *Ensinar a condição humana*, 1.3 A condição terrestre.

- Um princípio de *incerteza lógica*: como dizia Pascal muito claramente, "Nem a contradição é sinal de falsidade, nem a não contradição é sinal de verdade."

- Um princípio da *incerteza racional*, já que a racionalidade, se não mantém autocrítica vigilante, cai na racionalização.

- Um princípio da *incerteza psicológica*: existe a impossibilidade de ser totalmente consciente do que se passa na maquinaria de nossa mente, que conserva sempre algo de fundamentalmente inconsciente. Existe, portanto, a dificuldade do autoexame crítico, para o qual nossa sinceridade não é garantia de certeza, e existem limites para qualquer autoconhecimento.

Tantos problemas dramaticamente unidos fazem-nos pensar que o mundo não só está em crise; encontra-se em violento estado no qual se enfrentam as forças de morte e as forças de vida, que se pode chamar de "agonia". Ainda que solidários, os humanos permanecem inimigos uns dos outros, e o desencadeamento de ódios de raça, religião, ideologia conduz sempre a guerras, massacres, torturas, ódios, desprezo. Os processos são destruidores de um mundo antigo, aqui, multimilenar, ali, multissecular. A humanidade não consegue gerar a Humanidade. Não sabemos ainda se se trata só da agonia de um velho mundo — prenúncio do novo nascimento — ou da agonia mortal. Nova consciência começa a surgir: a humanidade é conduzida para uma aventura desconhecida.

4.1 A incerteza do real

Dessa forma, a realidade não é facilmente legível. As ideias e as teorias não refletem, mas traduzem a realidade, que podem traduzir de maneira errônea. Nossa realidade não é outra senão nossa ideia da realidade.

Por isso, importa não ser realista no sentido trivial (adaptar-se ao imediato), nem irrealista no sentido trivial (subtrair-se às limitações da realidade); importa ser realista no sentido complexo: compreender a incerteza do real, saber que há algo possível ainda invisível no real.

Isto nos mostra que é preciso saber interpretar a realidade antes de reconhecer onde está o realismo.

Uma vez mais, chegamos a incertezas sobre a realidade, que impregnam de incerteza os realismos e revelam, às vezes, que aparentes irrealismos eram realistas.

4.2 A incerteza do conhecimento

O conhecimento é, pois, uma aventura incerta que comporta em si mesma, permanentemente, o risco de ilusão e de erro.

Mesmo assim, é nas certezas doutrinárias, dogmáticas e intolerantes que se encontram as piores ilusões; ao contrário, a consciência do caráter incerto do ato cognitivo constitui a oportunidade de chegar ao conhecimento pertinente, o que pede exames, verificações e convergência dos indícios; assim, nas palavras cruzadas, atinge-se a precisão para cada palavra na adequação, ao mesmo tempo, de sua definição e sua congruência com as outras palavras que contêm letras comuns; em seguida, a concordância geral que se estabelece entre todas as palavras constitui a verificação de conjunto que confirma a legitimidade das diferentes palavras inscritas. Mas a vida, diferentemente das palavras cruzadas, compreende espaços sem definição, espaços com falsas definições e, sobretudo, a ausência de um quadro geral fechado; é somente aí que se pode isolar um quadro e tratar os elementos classificáveis, como no quadro de Mendeleiev, que se pode alcançar certezas. Uma vez mais repetimos: o conhecimento é a navegação em um oceano de incertezas, entre arquipélagos de certezas.

4.3 As incertezas e a ecologia da ação

Temos, às vezes, a impressão de que a ação simplifica, pois, em uma alternativa, decide-se, escolhe-se. Entretanto, a ação é decisão, escolha, mas é também uma aposta. E, na noção de aposta, há a consciência do risco e da incerteza.

Aqui intervém a noção de *ecologia da ação*. Tão logo um indivíduo empreende uma ação, qualquer que seja, esta começa a escapar de suas intenções. Esta ação entra em um universo de interações; e é finalmente o meio ambiente que se apossa dela, num sentido que pode contrariar a intenção inicial. Frequentemente, a ação volta como um bumerangue sobre nossa cabeça. Isto nos obriga a seguir a ação, a tentar corrigi-la — se ainda houver tempo — e, às vezes, a torpedeá-la, como fazem os responsáveis da NASA, quando explodem um foguete que se desvia de sua trajetória.

A ecologia da ação é, em suma, levar em consideração a complexidade que ela supõe, ou seja, o aleatório, o acaso, a iniciativa, a decisão, o inesperado, o imprevisto, a consciência de derivas e transformações.[14]

Uma das maiores conquistas do século XX foi o estabelecimento de teoremas que limitam o conhecimento, tanto no raciocínio (teorema de Gödel, teorema de Chaitin), como na ação. Neste campo, assinalemos o teorema de Arrow, que erige a impossibilidade de associar o interesse coletivo a interesses individuais, assim como de definir a felicidade coletiva com base em uma coleção de felicidades individuais. De forma mais ampla, é impossível apresentar um algoritmo de otimização para os problemas humanos: a busca da otimização ultrapassa qualquer capacidade de busca disponível e torna finalmente não ótima, quiçá péssima, a procura do *optimum*. Somos conduzidos a nova incerteza entre a busca do bem maior e a do mal menor.

Por outro lado, a teoria dos jogos de von Neumann indica-nos que, no duelo entre dois atores racionais, não se pode decidir com segurança a melhor estratégia, e que os jogos da vida raramente comportam dois atores e, ainda mais raramente, atores racionais.

Enfim, a grande incerteza a enfrentar resulta do que chamamos de ecologia da ação, que compreende três princípios.

4.3.1 O circuito risco↔precaução

O princípio da incerteza provém da dupla necessidade do risco e da precaução. Para toda ação empreendida em meio incerto, existe contradição entre o princípio do risco e o princípio da precaução, sendo um e outro necessários; trata-se de poder uni-los, a despeito de sua oposição, segundo as palavras de Péricles, *in* Tucídides, *Guerra do Peloponeso*: "Todos sabemos ao mesmo tempo demonstrar extrema audácia e nada empreender sem madura reflexão. Nos outros, a intrepidez é efeito da ignorância, enquanto a reflexão engendra a indecisão."

---
[14] Ver MORIN, E. *Introduction à la pensée complexe*. Paris: ESF editeur, 1990.

4.3.2 O circuito fins↔meios

Temos o princípio da incerteza do fim e dos meios. Como os meios e os fins *inter-retro-agem* uns sobre os outros, é quase inevitável que meios sórdidos a serviço de fins nobres pervertam estes e terminem por substituí-los. Meios de dominação utilizados para um fim libertador podem não apenas contaminar este fim, mas também se autoextinguir. Assim, a *Tcheka*, após ter pervertido o projeto socialista, se autoextinguiu, convertendo-se, sob sucessivos nomes como *GPU, NKVD, KGB*, em poderosa polícia suprema destinada a autoperpetuar-se. Entretanto, a astúcia, a mentira, a força a serviço de uma justa causa podem salvá-la sem contaminá-la, com a condição de terem utilizado meios excepcionais e provisórios. Ao contrário, é possível que ações perversas conduzam a resultados felizes, justamente pelas reações que provocam. Então, não é absolutamente certo que a pureza dos meios conduza aos fins desejados, nem que sua impureza seja necessariamente nefasta.

4.3.3 O circuito ação↔contexto

Toda ação escapa à vontade de seu autor quando entra no jogo das *inter-retro-ações* do meio em que intervém. Este é o princípio próprio à ecologia da ação. A ação não corre apenas o risco de fracasso, mas de desvio ou de perversão de seu sentido inicial, e pode, até mesmo, voltar-se contra seus iniciadores. Assim, o estopim da Revolução de Outubro de 1917 suscitou não a ditadura do proletariado, mas a ditadura sobre o proletariado. Em sentido mais amplo, as duas vias para o socialismo, a reformista social-democrata e a revolucionária leninista, terminaram ambas em algo bem diferente de suas finalidades. A instalação do rei Juan Carlos na Espanha, conforme a intenção do general Franco de consolidar sua ordem despótica, contribuiu significativamente, ao contrário, para levar a Espanha à democracia.

A ação também pode ter três tipos de consequências insuspeitas, como as recenseou Hirschman:
• o efeito perverso (o efeito nefasto inesperado é mais importante do que o efeito benéfico esperado);

- a inanição da inovação (quanto mais se muda, mais tudo permanece igual);
- a colocação das conquistas em perigo (quis-se melhorar a sociedade, mas só se conseguiu suprimir liberdade ou segurança). Os efeitos perversos, vãos, nocivos da Revolução de Outubro de 1917 manifestaram-se na experiência soviética.

5. A IMPREVISIBILIDADE EM LONGO PRAZO

Pode-se, com certeza, considerar ou calcular os efeitos de uma ação em curto prazo, mas seus efeitos, em longo prazo, são imprevisíveis. Assim, as consequências em cadeia de 1789 foram todas inesperadas. O Terror, depois Termidor, em seguida o Império, depois o restabelecimento dos Bourbon e, ainda mais amplamente, as consequências europeias e mundiais da Revolução Francesa foram imprevisíveis até outubro de 1917, como também foram imprevisíveis, em seguida, as consequências de outubro de 1917, desde a formação até a queda do império totalitário.

Assim, nenhuma ação está segura de ocorrer no sentido de sua intenção.

A ecologia da ação convida-nos, porém, não à inação, mas ao desafio que reconhece seus riscos e à estratégia que permite modificar, até mesmo anular, a ação empreendida.

5.1 O desafio e a estratégia

Há efetivamente dois meios para enfrentar a incerteza da ação. O primeiro é totalmente consciente da aposta contida na decisão; o segundo recorre à estratégia.

Uma vez efetuada a escolha refletida de uma decisão, a plena consciência da incerteza torna-se plena consciência de uma aposta. Pascal reconhecia que sua fé provinha de um desafio. A noção de aposta deve ser generalizada quanto a qualquer fé, a fé em um mundo melhor, a fé na fraternidade ou na justiça, assim como em toda decisão ética.

A estratégia deve prevalecer sobre o programa. O programa estabelece uma sequência de ações que devem ser executadas sem variação em um ambiente estável, mas, se houver modificação das condições externas, bloqueia-se o programa. A estratégia, ao contrário, elabora um cenário de ação que examina as certezas e as incertezas da situação, as probabilidades, as improbabilidades. O cenário pode e deve ser modificado de acordo com as informações recolhidas, os acasos, os contratempos ou as boas oportunidades encontradas ao longo do caminho. Podemos, no âmago de nossas estratégias, utilizar curtas sequências programadas, mas, para tudo que se efetua em ambiente instável e incerto, impõe-se a estratégia. Deve, em um momento, privilegiar a prudência; em outro, a audácia e, se possível, as duas ao mesmo tempo. A estratégia pode e deve, muitas vezes, estabelecer compromissos. Até onde? Não há resposta geral para esta questão, mas, ainda aqui, há um risco, seja o da intransigência que conduz à derrota, seja o da transigência que conduz à abdicação. É na estratégia que se apresenta sempre de maneira singular, em função do contexto e em virtude do próprio desenvolvimento, o problema da dialógica entre fins e meios.

Enfim, é preciso considerar as dificuldades de uma estratégia a serviço de uma finalidade complexa, como aquela indicada pela divisa "liberdade, igualdade, fraternidade". Estes três termos complementares são, ao mesmo tempo, antagonistas; a liberdade tende a destruir a igualdade; esta, se for imposta, tende a destruir a liberdade; enfim, a fraternidade não pode ser nem decretada, nem imposta, mas incitada. Conforme as condições históricas, uma estratégia deverá favorecer seja a liberdade, seja a igualdade, seja a fraternidade, porém sem jamais se opor verdadeiramente aos dois outros termos.

Assim, a resposta às incertezas da ação é constituída pela escolha refletida de uma decisão, a consciência da aposta, a elaboração de uma estratégia que leve em conta as complexidades inerentes às próprias finalidades, que possa se modificar durante a ação em função de imprevistos, informações, mudanças de contexto e que possa considerar o eventual torpedeamento da ação, que teria tomado uma direção nociva. Por isso, pode-se e deve-se lutar contra as incertezas da ação; pode-se mesmo superá-las em curto ou em médio prazo, mas ninguém pretende tê-las eliminado em longo prazo. A estratégia, assim como o conhecimento, continua sendo a navegação em um oceano de incertezas, entre arquipélagos de certezas.

O desejo de liquidar a Incerteza pode, então, nos parecer uma enfermidade própria a nossas mentes, e todo o direcionamento para a grande Certeza poderia ser somente uma gravidez psicológica.

O pensamento deve, pois, armar-se e aguerrir-se para enfrentar a incerteza. Tudo que comporta oportunidade comporta risco, e o pensamento deve reconhecer as oportunidades de riscos como os riscos das oportunidades.

O abandono do progresso garantido pelas "leis da História" não é o abandono do progresso, mas o reconhecimento de seu caráter incerto e frágil. A renúncia ao melhor dos mundos não é, de maneira alguma, a renúncia a um mundo melhor.

Na história, temos visto, com frequência, infelizmente, que o possível se torna impossível e podemos pressentir que as mais ricas possibilidades humanas permanecem ainda impossíveis de se realizar. Mas vimos também que o inesperado se torna possível e se realiza; vimos, com frequência, que o improvável se realiza mais do que o provável; saibamos, portanto, esperar o inesperado e trabalhar pelo improvável.

CAPÍTULO VI
ENSINAR A COMPREENSÃO

A situação é paradoxal sobre a nossa Terra. As interdependências multiplicaram-se. A consciência de ser solidários com a vida e a morte, de agora em diante, une os humanos uns aos outros. A comunicação triunfa, o planeta é atravessado por redes, fax, telefones celulares, *modems*, internet; entretanto a incompreensão permanece geral. Sem dúvida, há importantes e múltiplos progressos da compreensão, mas o avanço da incompreensão parece ainda maior.

O problema da compreensão tornou-se crucial para os humanos. E, por este motivo, deve ser uma das finalidades da educação do futuro.

Lembremo-nos de que nenhuma técnica de comunicação, do telefone à internet, traz por si mesma a compreensão. A compreensão não pode ser quantificada. Educar para compreender a matemática ou uma disciplina determinada é uma coisa; educar para a compreensão humana é outra. Nela se encontra a missão propriamente espiritual da educação: ensinar a compreensão entre as pessoas como condição e garantia da solidariedade intelectual e moral da humanidade.

O problema da compreensão é duplamente polarizado:

• Um polo, agora planetário, é o da compreensão entre humanos, os encontros e as relações que se multiplicam entre pessoas, culturas, povos de diferentes origens culturais.

• Outro polo, individual, é o das relações particulares entre próximos. Estas estão, cada vez mais, ameaçadas pela incompreensão (como será indicado mais adiante). O axioma "quanto mais próximos estamos, melhor compreendemos" é apenas uma verdade relativa à qual se pode opor o axioma contrário "quanto mais próximos estamos, menos compreendemos", já que a proximidade pode alimentar mal-entendidos, ciúmes, agressividade, mesmo nos meios aparentemente mais evoluídos intelectualmente.

1. AS DUAS COMPREENSÕES

A comunicação não garante a compreensão.

A informação, se for bem transmitida e compreendida, traz inteligibilidade, condição primeira necessária, mas não suficiente, para a compreensão.

Há duas formas de compreensão: a compreensão intelectual ou objetiva e a compreensão humana intersubjetiva. Compreender significa intelectualmente apreender em conjunto, *com-prehendere*, abraçar junto (o texto e seu contexto, as partes e o todo, o múltiplo e o uno). A compreensão intelectual passa pela inteligibilidade e pela explicação.

Explicar é considerar o que é preciso conhecer como objeto e aplicar-lhe todos os meios objetivos de conhecimento. A explicação é, bem entendido, necessária para a compreensão intelectual ou objetiva.

A compreensão humana vai além da explicação. A explicação é bastante para a compreensão intelectual ou objetiva das coisas anônimas ou materiais. É insuficiente para a compreensão humana.

Esta comporta um conhecimento de sujeito a sujeito. Por conseguinte, se vejo uma criança chorando, vou compreendê-la, não por medir o grau de salinidade de suas lágrimas, mas por buscar em mim minhas aflições infantis, identificando-a comigo e identificando-me com ela. O outro não apenas é percebido objetivamente, é percebido como outro sujeito com o qual nos identificamos e que identificamos conosco, o *ego alter* que se torna *alter ego*. Compreender inclui, necessariamente, um processo de empatia, de identificação e de projeção. Sempre intersubjetiva, a compreensão pede abertura, simpatia e generosidade.

2. EDUCAÇÃO PARA OS OBSTÁCULOS À COMPREENSÃO

Os obstáculos exteriores à compreensão intelectual ou objetiva são múltiplos.

A compreensão do sentido das palavras de outrem, de suas ideias, de sua visão do mundo está sempre ameaçada por todos os lados:

• Existe o "ruído" que parasita a transmissão da informação, cria o mal-entendido ou o não entendido.

• Existe a polissemia de uma noção que, enunciada em um sentido, é entendida de outra forma; assim, a palavra "cultura", verdadeiro camaleão conceptual, pode significar tudo que, não sendo naturalmente inato, deve ser aprendido e adquirido; pode significar os usos, os valores, as crenças de uma etnia ou de uma nação; pode significar toda a contribuição das humanidades, das literaturas, da arte e da filosofia.

• Existe a ignorância de ritos e costumes do outro, especialmente dos ritos de cortesia, o que pode levar a ofender inconscientemente ou a desqualificar a si mesmo perante o outro.

• Existe a incompreensão dos Valores imperativos propagados no seio de outra cultura, como o são, nas sociedades tradicionais, o respeito aos idosos, a obediência incondicional das crianças, a crença religiosa ou, ao contrário, em nossas sociedades democráticas contemporâneas, o culto ao indivíduo e o respeito às liberdades.

• Existe a incompreensão dos imperativos éticos próprios a uma cultura, o imperativo da vingança nas sociedades tribais, o imperativo da lei nas sociedades evoluídas.

• Existe frequentemente a impossibilidade, no âmago da visão do mundo, de compreender as ideias ou os argumentos de outra visão do mundo, como de resto no âmago da filosofia, de compreender outra filosofia.

• Existe, enfim, e sobretudo, a impossibilidade de compreensão de uma estrutura mental em relação a outra.

Os obstáculos intrínsecos às duas compreensões são enormes; são não somente a indiferença, mas também o egocentrismo, o etnocentrismo, o sociocentrismo, que têm como traço comum situar-se no centro do mundo e considerar como secundário, insignificante ou hostil tudo o que é estranho ou distante.

2.1 O egocentrismo

O egocentrismo cultiva a *self-deception*, a tapeação de si próprio, provocada pela autojustificação, pela autoglorificação e pela tendência a jogar sobre outrem, estrangeiro ou não, a causa de todos os males. A *self-deception* é um jogo rotativo complexo de mentira, sinceridade, convicção, duplicidade, que nos leva a perceber, de modo pejorativo, as palavras ou os atos alheios, a selecionar o que lhes é desfavorável, eliminar o que lhes é favorável, selecionar as lembranças gratificantes, eliminar ou transformar o desonroso.

O círculo da cruz,[15] de Iain Pears, mostra bem, em quatro narrativas diferentes dos mesmos acontecimentos e do mesmo homicídio, a incompatibilidade entre as narrativas, devido não somente à dissimulação e à mentira, mas às ideias preconcebidas, às racionalizações, ao egocentrismo ou à crença religiosa. A *Féerie pour une autre fois*, de Louis-Ferdinand Céline, é testemunho único de autojustificação frenética do autor, de sua incapacidade de autocriticar-se, de seu raciocínio paranoico.

De fato, a incompreensão de si é fonte muito importante da incompreensão de outro. Mascaram-se as próprias carências e fraquezas, o que nos torna implacáveis com as carências e as fraquezas dos outros.

O egocentrismo amplia-se com o afrouxamento da disciplina e das obrigações que anteriormente levavam à renúncia dos desejos individuais, quando se opunham à vontade dos pais ou dos cônjuges. Hoje, a incompreensão deteriora as relações pais-filhos, maridos-esposas. Expande-se como um câncer na vida cotidiana, provocando calúnias, agressões, homicídios psíquicos (desejos de morte). O mundo dos intelectuais, escritores ou universitários, que deveria ser mais compreensivo, é o mais gangrenado sob o efeito da hipertrofia do ego, nutrido pela necessidade de consagração e de glória.

---

[15] N. T. O livro foi originalmente escrito em inglês e intitulado *An instance of the fingerpost* e traduzido para o francês, com o título *Le cercle de la croix*, e para o português, como *O círculo da cruz*.

2.2 Etnocentrismo e sociocentrismo

O etnocentrismo e o sociocentrismo nutrem xenofobias e racismos e podem, até mesmo, despojar o estrangeiro da qualidade de ser humano. Por isso, a verdadeira luta contra os racismos operar-se-ia mais contra suas raízes ego-sócio-cêntricas do que contra seus sintomas.

As ideias preconcebidas, as racionalizações com base em premissas arbitrárias, a autojustificação frenética, a incapacidade de autocriticar-se, os raciocínios paranoicos, a arrogância, a recusa, o desprezo, a fabricação e a condenação de culpados são as causas e as consequências das piores incompreensões, oriundas tanto do egocentrismo quanto do etnocentrismo.

A incompreensão produz tanto o embrutecimento, quanto este produz a incompreensão. A indignação economiza o exame e a análise. Como disse Clément Rosset:

> A desqualificação por motivos de ordem moral permite evitar qualquer esforço de inteligência do objeto desqualificado de maneira que um juízo moral traduz sempre a recusa de analisar e mesmo a recusa de pensar.[16]

Como Westermarck assinalava: "O caráter distintivo da indignação moral continua sendo o desejo instintivo de devolver pena por pena."

A incapacidade de conceber um complexo e a redução do conhecimento de um conjunto ao conhecimento de uma de suas partes provocam consequências ainda mais funestas no mundo das relações humanas que no do conhecimento do mundo físico.

2.3 O espírito redutor

Reduzir o conhecimento do complexo ao de um de seus elementos considerado como o mais significativo tem consequências piores na ética do que no conhecimento físico. Entretanto, é o modo de pensar dominante, redutor e simplificador, aliado aos mecanismos de

---
[16] ROSSET, C. Le démon de la tautologie, suivi de cinq pièces morales. [Paris]: Minuit, 1997. p. 68.

incompreensão, que determina a redução da personalidade, múltipla por natureza, a um único de seus traços. Se o traço for favorável, haverá desconhecimento dos aspectos negativos desta personalidade. Se for desfavorável, haverá desconhecimento dos seus traços positivos. Em um e em outro caso, haverá incompreensão. A compreensão pede, por exemplo, que não se feche, não se reduza o ser humano a seu crime, nem mesmo se cometeu vários crimes. Como dizia Hegel: "O pensamento abstrato nada vê no assassino além desta qualidade abstrata (retirada de seu complexo) e (destrói) nele, com a ajuda desta única qualidade, o que resta de sua humanidade."

Além disso, lembremo-nos de que a possessão por uma ideia, uma fé, que dá a convicção absoluta de sua verdade, aniquila qualquer possibilidade de compreensão de outra ideia, de outra fé, de outra pessoa.

Assim, os obstáculos à compreensão são múltiplos e multiformes: os mais graves são constituídos pela cadeia egocentrismo ↔ autojustificação↔*self-deception*, pelas possessões e pelas reduções, assim como pelo talião e pela vingança — estruturas arraigadas de modo indelével no espírito humano, que ele não pode arrancar, mas que ele pode e deve superar.

A conjunção das incompreensões, a intelectual e a humana, a individual e a coletiva, constitui obstáculos maiores para a melhoria das relações entre indivíduos, grupos, povos, nações.

Não são somente as vias econômicas, jurídicas, sociais, culturais que facilitarão as vias da compreensão; é preciso também recorrer a vias intelectuais e éticas, que poderão desenvolver a dupla compreensão, intelectual e humana.

3. A ÉTICA DA COMPREENSÃO

A ética da compreensão é a arte de viver que nos demanda, em primeiro lugar, compreender de modo desinteressado. Demanda grande esforço, pois não pode esperar nenhuma reciprocidade: aquele que é ameaçado de morte por um fanático compreende por que o fanático quer matá-lo, sabendo que este jamais o compreenderá. Compreender o fanático que é incapaz de nos compreender é compreender as raízes, as formas e as manifestações do fanatismo humano. É compreender por que e como se odeia ou se despreza. A ética da compreensão pede que se compreenda a incompreensão.

A ética da compreensão pede que se argumente, que se refute em vez de excomungar e anatematizar. Encerrar na noção de traidor o que decorre da inteligibilidade mais ampla impede que se reconheçam o erro, os desvios, as ideologias, as derivas.

A compreensão não desculpa nem acusa: pede que se evite a condenação peremptória, irremediável, como se nós mesmos nunca tivéssemos conhecido a fraqueza, nem cometido erros. Se soubermos compreender antes de condenar, estaremos no caminho da humanização das relações humanas.

O que favorece a compreensão é:

3.1 O "bem pensar"

Este é o modo de pensar que permite apreender em conjunto o texto e o contexto, o ser e seu meio ambiente, o local e o global, o multidimensional; em suma, o complexo, isto é, as condições do comportamento humano. Permite-nos compreender igualmente as condições objetivas e subjetivas (*self-deception*, possessão por uma fé, delírios e histerias).

3.2 A introspecção

A prática mental do autoexame permanente é necessária, já que a compreensão de nossas fraquezas ou faltas é a via para a compreensão das do outro. Se descobrirmos que somos todos seres falíveis, frágeis, insuficientes, carentes, então podemos descobrir que todos necessitamos de mútua compreensão.

O autoexame crítico permite que nos descentremos em relação a nós mesmos, por conseguinte, que reconheçamos e julguemos nosso egocentrismo. Permite que não assumamos a posição de juiz de todas as coisas.[17]

---

[17] "É um idiota.", "É um crápula." são expressões que exprimem simultaneamente a total incompreensão e a pretensão à soberania intelectual e moral.

4. A CONSCIÊNCIA DA COMPLEXIDADE HUMANA

A compreensão do outro requer a consciência da complexidade humana.

Assim, podemos buscar na literatura romanesca e no cinema a consciência de que não se deve reduzir o ser à menor parte dele próprio, nem mesmo ao pior fragmento de seu passado. Enquanto, na vida comum, nos apressamos em encerrar na noção de criminoso aquele que cometeu um crime, reduzindo os demais aspectos de sua vida e de sua pessoa a este traço único, descobrimos, em seus múltiplos aspectos, os reis gângsters de Shakespeare e os *gangsters* reais dos filmes policiais. Podemos ver como um criminoso pode se transformar e se redimir como Jean Valjean e Raskolnikov.

Podemos, enfim, aprender com eles as maiores lições de vida, a compaixão do sofrimento dos humilhados e a verdadeira compreensão.

4.1 A abertura subjetiva (simpática) em relação ao outro

Estamos abertos para determinadas pessoas próximas privilegiadas, mas permanecemos, na maioria do tempo, fechados para as demais. O cinema, ao favorecer o pleno uso de nossa subjetividade pela projeção e pela identificação, faz-nos simpatizar e compreender os que nos seriam estranhos ou antipáticos em tempos normais. Aquele que sente repugnância pelo vagabundo encontrado na rua simpatiza de todo coração, no cinema, com o vagabundo Carlitos. Enquanto na vida cotidiana ficamos quase indiferentes às misérias físicas e morais, sentimos compaixão e comiseração na leitura de um romance ou na projeção de um filme.

4.2 A interiorização da tolerância

A verdadeira tolerância não é indiferente às ideias ou ao ceticismo generalizados. Supõe convicção, fé, escolha ética e, ao mesmo tempo, aceitação da expressão de ideias, convicções, escolhas contrárias às nossas. A tolerância supõe sofrimento, ao suportar a expressão de ideias negativas ou, segundo nossa opinião, nefastas, e a vontade de assumir este sofrimento.

Há quatro graus de tolerância: o primeiro, expresso por Voltaire, obriga-nos a respeitar o direito de proferir um propósito que nos parece ignóbil. Isso não é respeitar o ignóbil; trata-se de evitar que se imponha nossa concepção sobre o ignóbil, a fim de proibir uma fala. O segundo grau é inseparável da opção democrática: a essência da democracia é nutrir-se de opiniões diversas e antagônicas; assim, o princípio democrático conclama cada um a respeitar a expressão de ideias antagônicas às suas. O terceiro grau obedece à concepção de Niels Bohr, para quem o contrário de uma ideia profunda é outra ideia profunda; dito de outra maneira, há uma verdade na ideia antagônica à nossa, e é esta verdade que é preciso respeitar. O quarto grau vem da consciência das possessões humanas por mitos, ideologias, ideias ou deuses, assim como da consciência das derivas que levam os indivíduos bem mais longe, a lugar diferente daquele aonde querem ir. A tolerância vale, com certeza, para as ideias, não para os insultos, as agressões ou os atos homicidas.

5. COMPREENSÃO, ÉTICA E CULTURA PLANETÁRIAS

Devemos relacionar a ética da compreensão entre as pessoas com a ética da era planetária, que pede a mundialização da compreensão. A única verdadeira mundialização que estaria a serviço do gênero humano é a da compreensão, da solidariedade intelectual e moral da humanidade.

As culturas devem aprender umas com as outras, e a orgulhosa cultura ocidental, que se colocou como cultura-mestra, deve-se tornar também uma cultura-aprendiz. Compreender é também aprender e reaprender incessantemente.

Como podem as culturas comunicar? Magoroh Maruyama fornece-nos uma indicação útil.[18] Em cada cultura, as mentalidades dominantes são etno ou sociocêntricas, isto é, mais ou menos fechadas em relação às outras culturas. Mas existem, dentro de cada cultura, mentalidades

---

[18] MARUYAMA, M. Mindiscapes, individuals and cultures in management. *Journal of Management Inquiry*. Sage Publication, v. 2, n. 2, p. 138-154, jun. 1993.

abertas, curiosas, não ortodoxas, desviantes, e existem também mestiços, fruto de casamentos mistos, que constituem pontes naturais entre as culturas. Muitas vezes, os desviantes são escritores ou poetas, cuja mensagem pode irradiar-se tanto no próprio país quanto no mundo exterior.

Quando se trata de arte, de música, de literatura, de pensamento, a mundialização cultural não é homogeneizadora. Formam-se grandes ondas transnacionais que favorecem, ao mesmo tempo, a expressão das originalidades nacionais em seu seio. Foi assim na Europa no Classicismo, nas Luzes, no Romantismo, no Realismo, no Surrealismo. Hoje, os romances japoneses, latino-americanos, africanos são publicados nas grandes línguas europeias e os romances europeus são publicados na Ásia, no Oriente, na África e nas Américas. As traduções de romances, ensaios, livros filosóficos de uma língua para outra permitem a cada país ter acesso às obras dos outros países e de nutrir-se das culturas do mundo, alimentando com suas obras, ao mesmo tempo, o caldo de cultura planetária. Com certeza, aquele que recolhe as contribuições originais de múltiplas culturas está ainda limitado às esferas restritas de cada nação; mas seu desenvolvimento é um traço marcante da segunda metade do século XX e deveria estender-se até o século XXI, o que seria triunfal para a compreensão entre os humanos.

Paralelamente, as culturas orientais suscitam no Ocidente múltiplas curiosidades e interrogações. O Ocidente já havia traduzido o *Avesta* e os *Upanishads* no século XVIII, Confúcio e Lao Tsé no século XIX, mas as mensagens da Ásia permaneciam restritas a objetos de estudos eruditos. Foi apenas no século XX que a arte africana, os filósofos e os místicos do Islã, os textos sagrados da Índia, o pensamento do Tao, o do budismo se tornaram fontes vivas para a alma ocidental isolada no mundo do ativismo, do produtivismo, da eficácia, do divertimento, e que aspira à paz interior e à relação harmoniosa com o corpo.

A abertura da cultura ocidental pode parecer para alguns, ao mesmo tempo, não compreensiva e incompreensível; mas a racionalidade aberta e autocrítica decorrente da cultura europeia permite a compreensão e a integração do que outras culturas desenvolveram e que ela atrofiou. O Ocidente deve também incorporar as virtudes das outras culturas, a fim de corrigir o ativismo, o pragmatismo, o "quantitativismo", o consumismo desenfreados, desencadeados dentro e fora dele. Mas deve também salvaguardar, regenerar e propagar o melhor de sua cultura, que produziu a democracia, os direitos humanos, a proteção da esfera privada do cidadão.

A compreensão entre sociedades supõe sociedades democráticas abertas, o que significa que o caminho da Compreensão entre culturas, povos e nações passa pela generalização das sociedades democráticas abertas.

Mas não nos esqueçamos de que, mesmo nas sociedades democráticas abertas, permanece o problema epistemológico da compreensão: para que possa haver compreensão entre estruturas de pensamento, é preciso passar à metaestrutura do pensamento que compreenda as causas da incompreensão de umas em relação às outras e que possa superá-las.

A compreensão é, ao mesmo tempo, meio e fim da comunicação humana. O planeta necessita, em todos os sentidos, de compreensões mútuas. Dada a importância da educação para a compreensão, em todos os níveis educativos e em todas as idades, o desenvolvimento da compreensão necessita da reforma planetária das mentalidades; esta deve ser a tarefa da educação do futuro.

CAPÍTULO VII

A ÉTICA DO GÊNERO HUMANO

Como vimos no Capítulo III, a concepção complexa do gênero humano comporta a tríade *indivíduo↔sociedade↔espécie*. Os indivíduos são mais do que produtos do processo reprodutor da espécie humana, mas o mesmo processo é produzido por indivíduos a cada geração. As interações entre indivíduos produzem a sociedade, e esta retroage sobre os indivíduos. A cultura, no sentido genérico, emerge destas interações, reúne-as e confere-lhes valor. *Indivíduo ↔ sociedade ↔ espécie* sustentam-se, pois, em sentido pleno: apoiam-se, nutrem-se e reúnem-se.

Assim, *indivíduo↔sociedade↔espécie* são não apenas inseparáveis, mas coprodutores um do outro. Cada um destes termos é, ao mesmo tempo, meio e fim dos outros. Não se pode absolutizar nenhum deles e fazer de um só o fim supremo da tríade; esta é, em si própria, rotativamente, seu próprio fim. Estes elementos não poderiam, por consequência, ser entendidos como dissociados: qualquer concepção do gênero humano significa desenvolvimento conjunto das autonomias individuais, das participações comunitárias e do sentimento de pertencer à espécie humana. No seio desta tríade complexa, emerge a consciência.

Desde então, a ética propriamente humana, ou seja, a antropoética, deve ser considerada como a ética da cadeia de três termos *indivíduo↔sociedade↔espécie*, de onde emerge nossa consciência e nosso espírito propriamente humano. Essa é a base para ensinar a ética do futuro.

A antropoética supõe a decisão consciente e esclarecida de:

- assumir a condição humana *indivíduo↔sociedade↔espécie* na complexidade do nosso ser;
- alcançar a humanidade em nós mesmos na nossa consciência pessoal;
- assumir o destino humano em suas antinomias e plenitude.

A antropoética instrui-nos a assumir a missão antropológica do milênio:

→ trabalhar para a humanização da humanidade;

→ efetuar a dupla pilotagem do planeta: obedecer à vida, guiar a vida;

→ alcançar a unidade planetária na diversidade;

→ respeitar no outro, ao mesmo tempo, a diferença e a identidade quanto a si mesmo;

→ desenvolver a ética da solidariedade;

→ desenvolver a ética da compreensão;

→ ensinar a ética do gênero humano.

A antropoética compreende, assim, a esperança na completude da humanidade, como consciência e cidadania planetária. Compreende, por conseguinte, como toda ética, aspiração e vontade, mas também aposta no incerto. Ela é consciência individual, além da individualidade.

1. O CIRCUITO INDIVÍDUO↔SOCIEDADE: ENSINAR A DEMOCRACIA

Indivíduo e Sociedade existem mutuamente. A democracia favorece a relação rica e complexa indivíduo↔sociedade, em que os indivíduos e a sociedade podem ajudar-se, desenvolver-se, regular-se e controlar-se mutuamente.

A democracia fundamenta-se no controle da máquina do poder pelos controlados e, desse modo, reduz a servidão (que determina o poder que não sofre a retroação daqueles que submete); nesse sentido, a democracia é mais do que um regime político; é a regeneração contínua de uma cadeia complexa e retroativa: os cidadãos produzem a democracia, que produz cidadãos.

Diferentemente das sociedades democráticas, que funcionam graças às liberdades individuais e à responsabilização dos indivíduos, as sociedades autoritárias ou totalitárias colonizam os indivíduos, que não são mais do que sujeitos; na democracia, o indivíduo é cidadão, pessoa jurídica e responsável; por um lado, exprime seus desejos e interesses; por outro lado, é responsável por sua cidade e solidário com ela.

1.1 Democracia e complexidade

A democracia não pode ser definida de modo simples. A soberania do povo cidadão comporta, ao mesmo tempo, a autolimitação desta soberania pela obediência às leis e a transferência da soberania aos eleitos. A democracia comporta, ao mesmo tempo, a autolimitação do poder do Estado pela separação dos poderes, a garantia dos direitos individuais e a proteção da vida privada.

A democracia, evidentemente, necessita do consenso da maioria dos cidadãos e do respeito às regras democráticas. Necessita de que a maioria dos cidadãos acredite na democracia. Mas, do mesmo modo que o consenso, a democracia necessita de diversidade e antagonismos.

A experiência do totalitarismo enfatizou o caráter-chave da democracia: seu elo vital com a diversidade.

A democracia supõe e nutre a diversidade dos interesses, assim como a diversidade de ideias. O respeito à diversidade significa que a democracia não pode ser identificada com a ditadura da maioria sobre as minorias; deve comportar o direito das minorias e dos contestadores à existência e à expressão e deve permitir a expressão das ideias heréticas e desviantes. Do mesmo modo que é preciso proteger a diversidade das espécies para salvaguardar a biosfera, é preciso proteger a diversidade de ideias e opiniões, bem como a diversidade de fontes de informação e de meios de informação (impressa, mídia), para salvaguardar a vida democrática.

A democracia necessita, ao mesmo tempo, de conflitos de ideias e de opiniões, que lhe conferem vitalidade e produtividade. Mas a vitalidade e a produtividade dos conflitos só podem expandir-se em obediência às regras democráticas que regulam os antagonismos, substituindo as lutas físicas pelas lutas de ideias, e que determinam, por meio de debates e eleições, o vencedor provisório das ideias em conflito, aquele que tem, em troca, a responsabilidade de prestar contas da aplicação de suas ideias.

Desse modo, exigindo, ao mesmo tempo, consenso, diversidade e conflituosidade, a democracia é um sistema complexo de organização e de civilização políticas que nutre e se nutre da autonomia de espírito dos indivíduos, da sua liberdade de opinião e de expressão, do seu civismo, que nutre e se nutre do ideal *Liberdade↔Igualdade↔Fraternidade*, o qual comporta uma conflituosidade criadora entre estes três termos inseparáveis.

A democracia constitui, portanto, um sistema político complexo, no sentido de que vive de pluralidades, concorrências e antagonismos, permanecendo como comunidade.

Assim, a democracia constitui a união entre a união e a desunião; tolera e nutre-se endemicamente, às vezes explosivamente, de conflitos que lhe conferem vitalidade. Vive da pluralidade, até mesmo na cúpula do Estado (divisão dos poderes Executivo, Legislativo, Judiciário), e deve conservar a pluralidade para conservar-se a si própria.

O desenvolvimento das complexidades políticas, econômicas e sociais nutre os avanços da individualidade. Esta afirma-se em seus direitos (do homem e do cidadão) e adquire liberdades existenciais (escolha autônoma do cônjuge, da residência, do lazer...).

1.2 A dialógica democrática

Assim, todas as características importantes da democracia têm um caráter dialógico que une, de modo complementar, termos antagônicos: *consenso/conflito, liberdade↔igualdade↔fraternidade, comunidade nacional/antagonismos sociais e ideológicos*. Enfim, a democracia depende das condições que dependem de seu exercício (espírito cívico, aceitação da regra do jogo democrático).

As democracias são frágeis, vivem conflitos, e estes podem fazê-la submergir. A democracia ainda não está generalizada em todo o planeta, que tanto comporta ditaduras e resíduos de totalitarismo do século XX, quanto germes de novos totalitarismos. Continuará ameaçada no século XXI. Além disso, as democracias existentes não estão concluídas, mas são incompletas ou inacabadas.

A democratização das sociedades ocidentais foi um longo processo, que continuou de maneira muito irregular em certas áreas, como o acesso das mulheres à igualdade com os homens no casal, no trabalho, na carreira pública. O socialismo ocidental não conseguiu democratizar a organização econômica/social de nossas sociedades. As empresas permanecem sistemas autoritários hierárquicos, parcialmente democratizados na base por conselhos ou sindicatos. É certo que há limites à democratização em organizações cuja eficácia é fundada na obediência, como no Exército. Mas podemo-nos questionar se, como algumas empresas o descobrem, é possível adquirir outra eficácia, por meio do apelo para a iniciativa e para a responsabilidade dos indivíduos ou dos grupos. De todo modo, nossas democracias comportam carência e lacunas. Assim, os cidadãos envolvidos não são consultados sobre as alternativas em matéria de transportes, por exemplo (*TGV*, aviões cargueiros, autoestradas etc.).

Não existem apenas democracias inacabadas. Existem processos de regressão democrática que tendem a posicionar os indivíduos à margem das grandes decisões políticas (com o pretexto de que estas são muito "complicadas" de ser tomadas e devem ser decididas por "expertos" tecnocratas), a atrofiar competências, a ameaçar a diversidade e a degradar o civismo.

Estes processos de regressão estão ligados à crescente complexidade dos problemas e à maneira mutiladora de tratá-los. A política fragmenta-se em diversos campos, e a possibilidade de concebê-los juntos diminui ou desaparece.

Do mesmo modo, ocorre a despolitização da política, que se autodissolve na administração, na técnica (especialização), na economia, no pensamento quantificante (sondagens, estatísticas). A política fragmentada perde a compreensão da vida, dos sofrimentos, dos desamparos, das solidões, das necessidades não quantificáveis. Tudo isso contribui para a gigantesca regressão democrática, com os cidadãos apartados dos problemas fundamentais da cidade.

1.3 O futuro da democracia

As democracias do século XXI serão, cada vez mais, confrontadas com o gigantesco problema decorrente do desenvolvimento da enorme máquina em que ciência, técnica e burocracia estão intimamente associadas. Esta enorme máquina não produz apenas conhecimento e elucidação, mas produz também ignorância e cegueira. Os avanços disciplinares das ciências não trouxeram só as vantagens da divisão do trabalho; trouxeram também os inconvenientes da hiperespecialização, do parcelamento e da fragmentação do saber. Este tornou-se mais e mais esotérico (acessível apenas aos especialistas) e anônimo (concentrado nos bancos de dados e utilizado por instâncias anônimas, a começar pelo Estado). Da mesma forma, o conhecimento técnico está reservado aos especialistas, cuja competência em uma área fechada é acompanhada de incompetência quando esta área é parasitada por influências externas ou modificada por algum acontecimento novo. Nessas condições, o cidadão perde o direito ao conhecimento. Tem o direito de adquirir saber especializado, ao fazer estudos *ad hoc*, mas é despojado na qualidade de cidadão, de qualquer ponto de vista global e pertinente. A arma atômica, por exemplo, retirou por completo do cidadão a possibilidade de pensá-la ou controlá-la. Sua utilização é deixada geralmente à decisão pessoal e única do chefe de Estado, sem consulta a nenhuma instância democrática regular. Quanto mais a política se torna técnica, mais a competência democrática regride.

O problema não se apresenta somente para a crise ou a guerra. É problema da vida cotidiana: o desenvolvimento da tecnoburocracia instaura o reinado dos peritos em áreas que, até então, dependiam de discussões e decisões políticas; ele suplanta os cidadãos nos domínios abertos às manipulações biológicas da paternidade, da maternidade, do nascimento, da morte. Estes problemas, com raras exceções, não entraram na consciência política nem no debate democrático do século XX.

De maneira mais profunda, o fosso que cresce entre a tecnociência esotérica, hiperespecializada, e os cidadãos cria a dualidade entre os que conhecem — cujo conhecimento é de resto parcelado, incapaz de textualizar e globalizar — e os ignorantes, isto é, o conjunto dos cidadãos. Desse modo, cria-se nova fratura social entre uma "nova classe" e os cidadãos. O mesmo processo está em andamento no acesso às novas tecnologias de comunicação entre os países ricos e os países pobres.

Os cidadãos são expulsos do campo político, que é, cada vez mais, dominado pelos "especialistas", e o domínio da "nova classe" impede de fato a democratização do conhecimento.

Nessas condições, a redução do político ao técnico e ao econômico, a redução do econômico ao crescimento, a perda dos referenciais e dos horizontes, tudo isso conduz ao enfraquecimento do civismo, à fuga e ao refúgio na vida privada, a alternância entre apatia e revolta violenta e, assim, a despeito da permanência das instituições democráticas, a vida democrática se enfraquece.

Nessas condições, impõe-se às sociedades reputadas como democráticas a necessidade de regenerar a democracia, enquanto, em grande parte do mundo, se apresenta o problema de gerar democracia, ao mesmo tempo em que as necessidades planetárias nos reclamam gerar nova possibilidade democrática nesta escala.

A regeneração democrática supõe a regeneração do civismo, a regeneração do civismo supõe a regeneração da solidariedade e da responsabilidade, ou seja, o desenvolvimento da antropoética.[19]

---

[19] É possível perguntar, finalmente, se a escola não poderia ser prática e concretamente um laboratório de vida democrática. Obviamente, tratar-se-ia de democracia limitada, no sentido de que um professor não seria eleito por seus alunos, de que a necessária autodisciplina coletiva não poderia eliminar a disciplina imposta e igualmente no sentido de que a igualdade de princípio entre os que sabem e os que aprendem não poderia ser abolida.

Mesmo assim (de qualquer maneira, a autonomia adquirida o pede pela faixa etária dos adolescentes), a autoridade não poderia ser incondicional, e poderiam ser instauradas regras de questionamento das decisões consideradas arbitrárias, especialmente com a instituição de um conselho de classe eleito pelos alunos, ou mesmo por instâncias de arbitragem externas. A reforma francesa dos liceus, realizada em 1999, instaura este tipo de mecanismo.

Mas, sobretudo, a sala de aula deve ser um local de aprendizagem do debate argumentado, das regras necessárias à discussão, da tomada de consciência das necessidades e dos procedimentos de compreensão do pensamento do outro, da escuta e do respeito às vozes minoritárias e marginalizadas. Por isso, a aprendizagem da compreensão deve desempenhar um papel capital no aprendizado democrático.

2. O CIRCUITO INDIVÍDUO↔ESPÉCIE: ENSINAR A CIDADANIA TERRESTRE

A ligação ética do indivíduo à espécie humana foi afirmada desde as civilizações da Antiguidade. Foi o autor latino Terêncio que, no século II antes da Era Cristã, disse, por intermédio de um dos personagens do *O homem que a si mesmo castiga: "Homo sum, humani nihil a me alienum puto."* ("Sou homem, nada do que é humano me é estranho.").

Esta antropoética foi recoberta, obscurecida, minimizada pelas éticas culturais diversas e fechadas, mas não deixou de ser mantida nas grandes religiões universalistas e de ressurgir nas éticas universalistas, no humanismo, nos direitos do homem, no imperativo kantiano.

Kant já dizia que a finitude geográfica de nossa terra impõe a seus habitantes o princípio de hospitalidade universal, que reconhece ao outro o direito de não ser tratado como inimigo. A partir do século XX, a comunidade de destino terrestre impõe, de modo vital, a solidariedade.

3. A HUMANIDADE COMO DESTINO PLANETÁRIO

A comunidade de destino planetário permite assumir e cumprir esta parte de antropoética, que se refere à relação entre indivíduo singular e espécie humana como todo.

Ela deve empenhar-se para que a espécie humana, sem deixar de ser a instância *biológico-reprodutora* do humano, se desenvolva e dê, finalmente, com a participação dos indivíduos e das sociedades, nascimento concreto à Humanidade como consciência comum e solidariedade planetária do gênero humano.

A Humanidade deixou de constituir uma noção apenas biológica e deve ser, ao mesmo tempo, plenamente reconhecida em sua inclusão indissociável na biosfera; a Humanidade deixou de constituir uma noção sem raízes: está enraizada em uma "Pátria", a Terra, *e a Terra é uma Pátria em perigo*. A Humanidade deixou de constituir uma noção abstrata: é realidade vital, pois está, doravante, pela primeira vez, ameaçada de morte; a Humanidade deixou de constituir uma noção somente ideal, tornou-se uma comunidade de destino, e somente a consciência desta comunidade pode conduzi-la a uma comunidade de vida; a Humanidade é, daqui em diante, sobretudo, uma noção ética: é o que deve ser realizado por todos e em cada um.

Enquanto a espécie humana continua sua aventura sob a ameaça de autodestruição, o imperativo tornou-se salvar a Humanidade, realizando-a.

Na verdade, a dominação, a opressão, a barbárie humanas permanecem no planeta e agravam-se. Trata-se de um problema antropo-histórico fundamental, para o qual não há solução *a priori*, apenas melhoras possíveis, e que somente poderia tratar do processo multidimensional que tenderia a civilizar cada um de nós, nossas sociedades, a Terra.

Sós e em conjunto com a política do homem[20], a política de civilização[21], a reforma do pensamento, a antropoética, o verdadeiro humanismo, a consciência da *Terra-pátria* reduziriam a ignomínia no mundo.

Por muito tempo ainda (ver Capítulo III), a expansão e a livre expressão dos indivíduos constituem nosso propósito ético e político para o planeta. Isso supõe, ao mesmo tempo, o desenvolvimento da relação *indivíduo↔sociedade*, no sentido democrático, e o aprimoramento da relação *indivíduo↔espécie*, no sentido da realização da Humanidade; ou seja, a permanência integrada dos indivíduos no desenvolvimento mútuo dos termos da tríade *indivíduo↔sociedade↔espécie*. Não possuímos as chaves que abririam as portas de um futuro melhor. Não conhecemos o caminho traçado. "*El camino se hace al andar*"[22] (Antonio Machado). Podemos, porém, explicitar nossas finalidades: a busca da hominização na humanização, pelo acesso à cidadania terrena. Por uma comunidade planetária organizada: não seria esta a missão da verdadeira Organização das Nações Unidas?

---

[20] Ver MORIN, E. *Introduction à une politique de l'homme*. 2. ed. Paris: Le Seuil Points, 1999.

[21] Ver MORIN, E.; NAÏR, S. *Politique de civilisation*. Paris: Arlea, 1997.

[22] "Ao andar se faz o caminho."

A propósito de uma bibliografia

Este texto de proposição e de reflexão não comporta bibliografia. Por um lado, a amplitude dos sete saberes remete a bibliografia considerável, que não seria possível mencionar nas dimensões desta publicação. Por outro lado, eu não saberia impor uma bibliografia seletiva curta. É facultado, a qualquer leitor interessado em formar a própria opinião, a realização de leituras. Finalmente, cada país dispõe de obras provenientes da própria cultura, e não seria o caso, aqui, de excluí-las, acreditando que algumas delas poderiam ser selecionadas.

EDITORA AFILIADA